BodyChange®

10 Weeks

riva

Impressum

Bibliografische Information der Deutschen Nationalbibliothek: Die Deutsche Nationalbibliothek verzeichnet diese Publikation in der Deutschen Nationalbibliografie; detaillierte bibliografische Daten sind im Internet über http://d-nb.de abrufbar.

Wichtiger Hinweis
Sämtliche Inhalte dieses Produkts wurden – auf Basis von Quellen, die die Autoren und der Verlag für vertrauenswürdig erachten – nach bestem Wissen und Gewissen recherchiert und sorgfältig geprüft. Trotzdem stellt dieses Produkt keinen Ersatz für eine individuelle medizinische Beratung dar. Wenn Sie medizinischen Rat einholen wollen, konsultieren Sie bitte einen qualifizierten Arzt. Der Verlag und die Autoren haften für keine nachteiligen Auswirkungen, die in einem direkten oder indirekten Zusammenhang mit den Informationen stehen, die in diesem Produkt enthalten sind.

Ein Produkt der Social Media Interactive GmbH
1. Auflage 2014

Nymphenburger Straße 86
D-80636 München
Tel.: 089 651285-0
Fax: 089 652096

Layout, Satz und Bildbearbeitung: mediathletic bild + design · www.mediathletic.com
Umschlagabbildung: Bernd Jaworek
Druck: CPI books GmbH, Leck
Printed in Germany

ISBN 978-3-86883-347-8

Koch dich sexy!

I make you sexy! Kochbuch

Die besten Rezepte zum Bestseller-Abnehmprogramm

10 Weeks BodyChange® I make you sexy! by Detlef D! Soost

www.imakeyousexy.com

VON TEILNEHMERN EMPFOHLEN

riva

Die Inhalte

In allen Rezepten gelten die Mengenangaben für zwei Portionen. VIEL SPASS!

1

10 Weeks BodyChange® – das Erfolgsprogramm

BodyChange® – Abnehmen heute!

Erfolgscoach und Top-Motivator Detlef D! Soost verriet Anfang 2012 sein ganz persönliches Geheimrezept, um in zehn Wochen sage und schreibe 20 Kilogramm abzunehmen. In seinem revolutionären Online-Abnehmprogramm 10 Weeks BodyChange® hat er seine Erfolgsprinzipien zusammengefasst, um es jedem zu ermöglichen, seine bzw. ihre Wunschfigur in nur wenigen Wochen zu erreichen.

Heute – nach nur knapp zwei Jahren – hat 10 Weeks BodyChange® (10WBC) Deutschland schlanker gemacht, denn bereits Hunderttausende haben mit dem Erfolgsprogramm inzwischen mehr als eine Million Kilogramm an Gewicht verloren.

Der Weg zur Traumfigur war noch nie so einfach, kostengünstig und vor allem so schnell!

Die zusammen mit Wissenschaftlern und Profisportlern entwickelte Power-Formel beruht auf den drei Säulen Ernährung, Training und Motivation. Das Programm lässt nicht nur die Pfunde purzeln, sondern macht dauerhaft fit und sorgt für einen durchtrainierten und definierten Körper – und das alles ohne lästiges Kalorienzählen und quälendes Hungergefühl!

»Jeder kennt so einen Augenblick im Leben, an dem man weiß, dass es jetzt Zeit ist, etwas zu ändern. Bei mir war das, als ich ein Bild von mir beim Beach-Volleyball-Spielen sah. Ich wirkte wie ein gestrandetes Walross. Nach nur 10 Wochen war ich um 20 Kilogramm leichter – und das, ohne zu hungern und mit nur 2 x 20 Minuten Sport pro Woche.

Nachdem ich gemerkt hatte, wie einfach es ist, mit den richtigen Prinzipien dauerhaft an Gewicht zu verlieren, wollte ich auch andere dabei unterstützen, ihre Traumfigur zu erreichen! Das war der Anfang von 10 Weeks BodyChange®.

Heute sind wir eine riesige Community erfolgreicher Teilnehmer, die durch BodyChange® nicht nur ihren Körper, sondern ihr ganzes Leben positiv verändert haben. Und ganz nebenbei haben viele die Lust am Kochen für sich entdeckt. In diesem Buch haben wir auf vielfachen Wunsch einige motivierende Erfolgsgeschichten und die Lieblingsrezepte der BodyChange®-Teilnehmer für dich zusammengestellt.

Entdecke auch du die Lust am Kochen und lass dabei mit Genuss deine Kilos schmelzen!«

Dein Detlef D! Soost

I MAKE YOU SEXY!

»Mit den BodyChange®-
Prinzipien habe ich
in nur 10 Wochen
20 kg abgenommen.
Und du kannst das auch!«

Detlef
–20 kg!

vorher

Dick oder dünn – die Entscheidung triffst du im Supermarkt!

- Ca. 80 % der Lebensmittel im Supermarkt sind künstlich hergestellt.
- Viele der heutigen Produkte sind aus ernährungsphysiologischer Sicht für unseren Körper nicht geeignet!

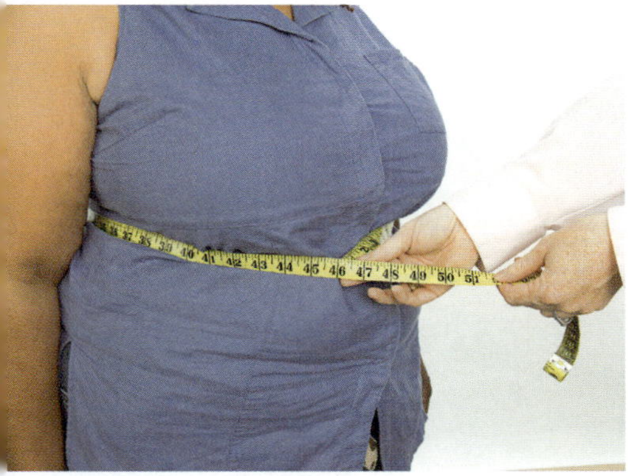

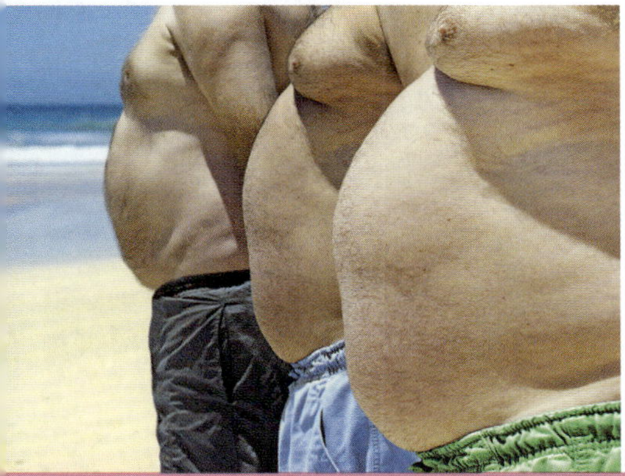

Deutschland ist dicke dabei!

- 66 % der Männer und 51 % der Frauen sind zu dick.
- Jeder Fünfte gilt als krankhaft fettleibig.
- 20 % der deutschen Kinder und Jugendlichen sind zu schwer.

Schockierende Zahlen!

- Übergewicht durch falsche Ernährung und mangelnde Bewegung ist die Hauptursache für Diabetes.
- 8 Millionen Deutsche leiden an Diabetes – alle 20 Minuten stirbt ein Mensch daran.

BodyChange® macht dich sexy!

Egal, ob du 5 oder 30 kg verlieren möchtest, BodyChange® hilft dir dabei, dein persönliches Wunschgewicht zu erreichen und dich rundum sexy zu fühlen.

Marco –35 kg !

»10WBC
ist ein Komplettpaket
mit Ernährungsumstellung,
Sportprogramm und
Motivation!«

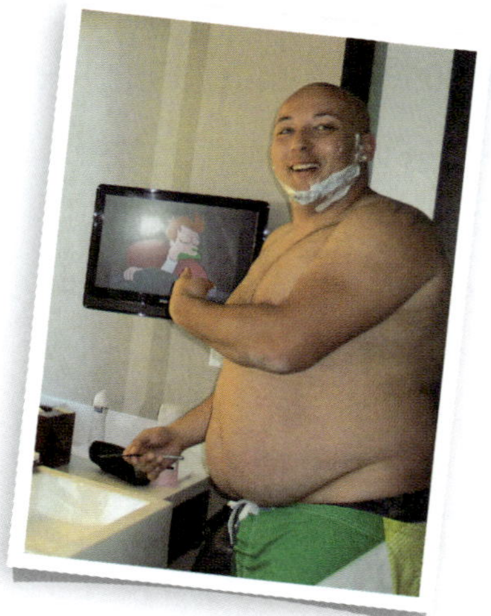

vorher

Marcos Erfolgsgeschichte

Ich habe in den USA gelebt und unglaublich viel Gewicht zugelegt. Wenn ich vor dem Spiegel stand, dachte ich nur: »Was für ein Grauen!« Irgendwann war mir klar, dass ich etwas ändern musste. So konnte es einfach nicht weitergehen!

Zurück in Deutschland, habe ich etwas für mich Passendes gesucht und bin dabei auf 10 Weeks BodyChange® gestoßen.

Und das war genau das, was ich wollte: ein Programm, das alle wichtigen Bestandteile einer erfolgreichen Lebensumstellung beinhaltet, also das Essen, die Bewegung und die Motivation. Und dabei ist man total flexibel, weil man es bequem zu Hause machen kann und zeitlich unabhängig ist.

Vom ersten Tag an habe ich gelernt, meine Ernährung zu kontrollieren und den Sport in meinen Alltag zu integrieren. Und dabei wurde ich nicht nur von D!, sondern auch von der riesigen Community unterstützt und motiviert. Es war wirklich unglaublich hilfreich, diese Energie zu spüren und für den eigenen Erfolg zu nutzen. Die Rezepte sind übrigens supereinfach und übersichtlich aufgebaut.

Mittlerweile wiege ich 35 Kilo weniger, aber damit ist noch lange nicht Schluss! Im neuen Jahr werde ich mir meinen Traum von einem Waschbrettbauch erfüllen – mit 10WBC. Ich freue mich schon jetzt darauf.

Viele Grüße,
Marco

Im Durchschnitt nehmen BodyChange®-Teilnehmer

10,3 kg

in 10 Wochen ab!

Die Low-Fat-Bewegung – was hat sie gebracht?

- Seit den 80er-Jahren wurde zunehmend der Fettgehalt in Lebensmitteln reduziert.
- Im Fett stecken wichtige natürliche Geschmacksträger.
- Fett liefert uns viel Energie und macht uns lange satt.
- Die Fettreduktion in Fertigprodukten führte zum vermehrten Einsatz von Zucker und chemischen Geschmacksverstärkern.
- Trotz der Fettreduktion ist das Übergewicht weiter angestiegen.

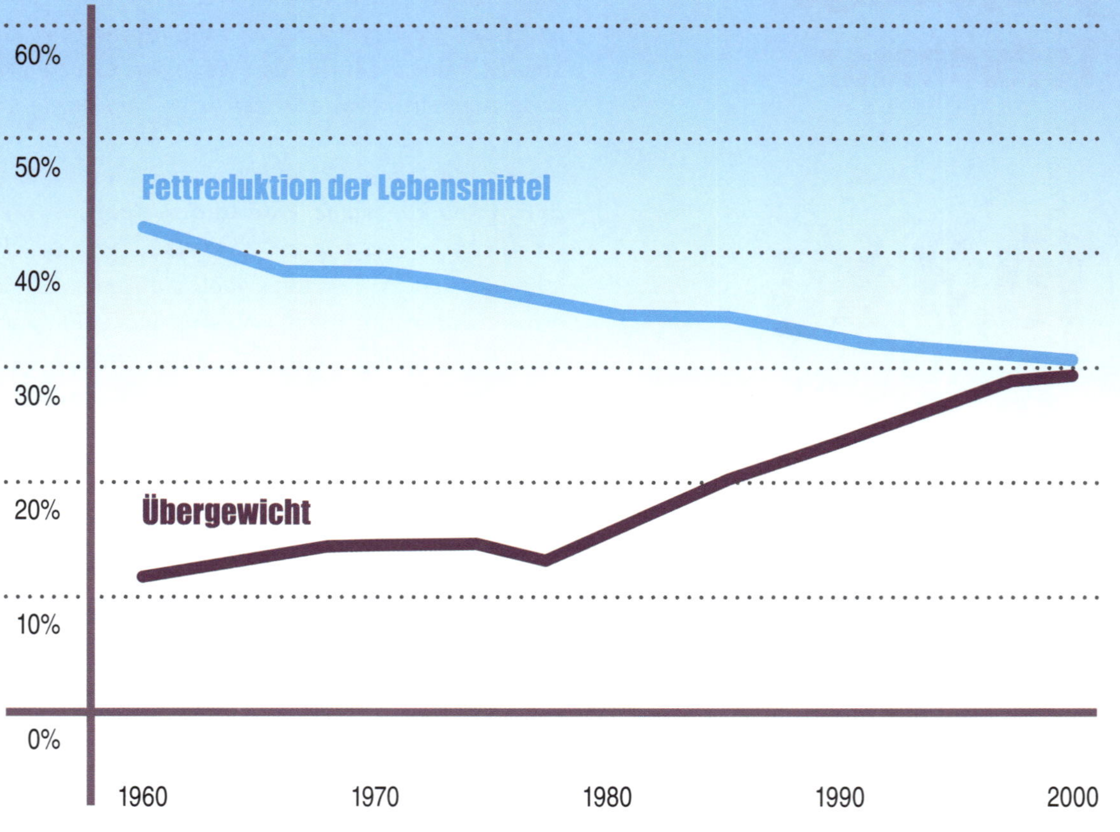

Warum werden wir dick?

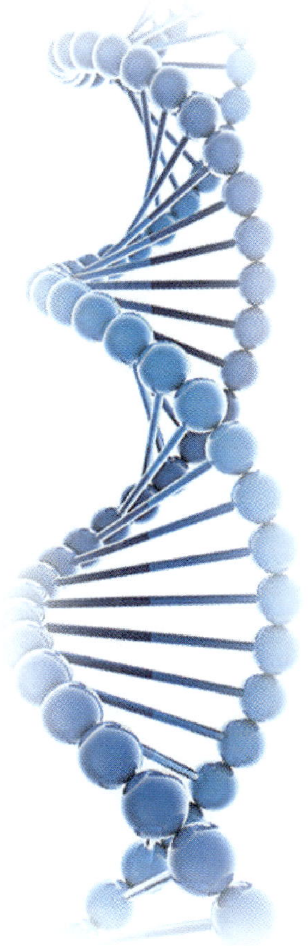

- Eigentlich ist es kein Wunder, dass wir Probleme mit unserer heutigen Ernährung haben.
- Denn unsere Ernährung hat sich durch die Lebensmittelindustrie in den letzten Jahrzehnten massiv verändert und ist inzwischen grundverschieden zu dem, was wir aufgrund unserer genetischen Anlagen essen sollten.
- ABER unsere Genetik hat sich nicht so schnell angepasst – es braucht etwa 100.000 Jahre, bis sich die menschlichen Anlagen auf neue Nahrungsmittel eingestellt haben.

(Quelle: In Search of the Perfect Human Diet, 2012)

Zucker – eine süße Droge

So drastisch könnte man das Phänomen Zucker beschreiben. Denn wer kennt nicht das Gefühl, unbedingt etwas Süßes naschen zu müssen oder einfach nicht aufhören zu können, bis die Tüte Gummibärchen leer ist. Reduziert man seinen Zuckerkonsum erheblich, fühlt man sich erst einmal fast wie auf Entzug.

Zucker und Süßstoff in vielen Nahrungsmitteln sind eine der Hauptursachen für Übergewicht. Sie lassen unseren Blutzuckerspiegel nämlich schnell in die Höhe schießen und wir bekommen bald wieder Appetit.

Die Insulinschaukel

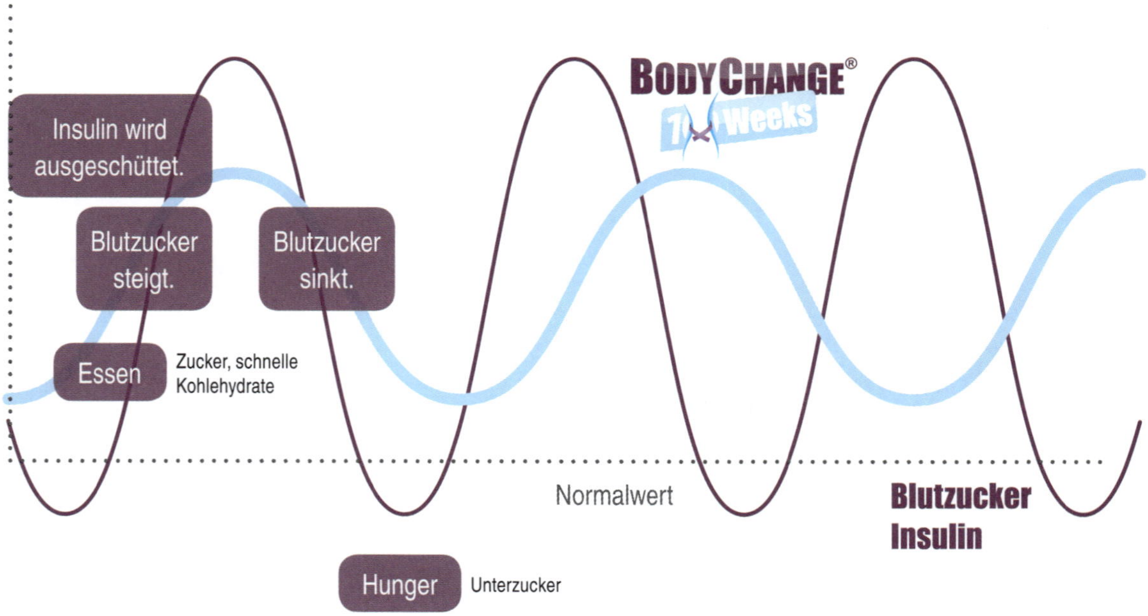

*stark vereinfachte Darstellung zur Veranschaulichung

vorher

Regina
–18 kg!

»Sehr hilfreich war für mich Detlefs Motivation. Er hat mir, auf Deutsch gesagt, in den Arsch getreten. Durch ihn habe ich es geschafft, 18 kg abzunehmen.«

Die BodyChange®-Philosophie

Deine Oma kennt es – dann iss es. Unaussprechbar und künstlich – dann lass lieber die Finger davon!

Diese einfache Regel dient zur Orientierung, um sich gesund zu ernähren und das Abnehmen zu beschleunigen. Kennst du bestimmte Inhaltsstoffe aus der Zutatenliste von Produkten nicht, dann solltest du auf diese Lebensmittel besser verzichten. Künstlich zugesetzte Stoffe und Chemikalien werden von unserem Körper häufig nicht als Nährstoffe erkannt. Sie sind somit komplett unnütz für uns. Industriell produzierte Lebensmittel und Fertigprodukte sind oft reich an Zucker und Zusatzstoffen, enthalten aber nur wenig lebenswichtige natürliche Nährstoffe wie Vitamine, Mineralien oder Spurenelemente. Man spricht hierbei auch von »leeren Kalorien«.

Künstliche Süßstoffe sollten wir grundsätzlich meiden, denn sie täuschen unser Gehirn und unser Körper kann sie nicht verwerten. Natürliche Lebensmittel hingegen versorgen uns mit allen wichtigen Nährstoffen und der Energie, die unser Körper braucht.

Eine Ernährung mit Gemüse, Eiern, pflanzlichen Ölen, Fleisch und Fisch führt zu einem ausgewogenen Blutzuckerspiegel. Das Risiko für Übergewicht, chronische Herzerkrankungen und Herz-Kreislauf-Erkrankungen sinkt damit.

Die goldenen BodyChange®-Prinzipien

1

Die Wahl der **richtigen Lebensmittel** ist entscheidend. Bei BodyChange® musst du **nicht hungern**!

2

Mit 10 Weeks BodyChange® kannst du dich **satt essen** und **trotzdem abnehmen**.

Was wir bei BodyChange® NICHT machen:

- hungern
- Kalorien zählen
- stundenlang joggen
- Abnehmpillen schlucken
- Mahlzeiten ausfallen lassen

Abnehmen mit Genuss

Viele Menschen, die abnehmen wollen, glauben, dass sie hungern bzw. Mahlzeiten weglassen müssen. Eine erschreckend große Zahl geht daher ohne Frühstück aus dem Haus oder verkneift sich abends das Essen. Doch Mangeldiäten, die die Energieaufnahme reduzieren, sind nicht gesund und außerdem macht es keinen Spaß, zu hungrig zu sein!

Beachtet man moderne Abnehmprinzipien, schließt es sich keinesfalls aus, lecker zu essen und sein Gewicht zu reduzieren. Wer die richtigen Lebensmittel wählt, kann sich einfach satt essen und dabei trotzdem abnehmen.

- BodyChange® heißt Genuss statt hungern.
- Anstelle einer stärkehaltigen Ernährung, kombiniert mit Fett, Zucker, Salz und synthetischen Zusatzstoffen, setzt das BodyChange®-Konzept auf nährstoffreiche Lebensmittel.
- Wenn möglich, empfiehlt es sich, Bionahrungsmittel einzukaufen, um eine gesunde und nährstoffreiche Ernährung zu gewährleisten. Verzichten solltest du weitgehend auf verarbeitete Lebensmittel.
- Einen echten Turbo für die Fettverbrennung zündest du mit den effektiven BodyChange®-Workouts.

Mehr dazu erfährst du unter www.imakeyousexy.com.

Das BodyChange®-Ernährungskonzept

Abnehmverhinderer

Diese Lebensmittel verhindern das Abnehmen (z. B. Zucker).

Abnehmbeschleuniger

Diese Lebensmittel helfen beim Abnehmen.

Obst-Milch-Baustein

Obst und Milch als Energielieferant 2 x pro Woche nach jedem Workout

Turbos

Lebensmittel, die die Fettverbrennung richtig ankurbeln.

LoadDay

1 x pro Woche darf alles gegessen werden.

Die drei Säulen des Erfolgsprogramms

Deshalb funktioniert BodyChange®

70 %

Ernährung

- Ein einfaches und wirksames Ernährungskonzept: Abnehmen ohne zu hungern
- Proteinreiche und natürliche Lebensmittel
- Ein LoadDay pro Woche

30 %

Bewegung

- Nur 2 x 20 Minuten Bewegung pro Woche
- Vom Leichten zum Schweren
- Funktionelles Ganzkörpertraining

100 %

Motivation

- Persönliches Online-Coaching mit wöchentlichen E-Mails und Videos
- Eine motivierende Online-Community
- ErfolgsTool
- Jede Menge Motivationstipps

2

Die besten Basics

So lecker & einfach ist Abnehmen!

Bunter Salat mit Thunfisch

1. Den Salat und den Rucola waschen, trocken schütteln und in gabelgerechte Stücke rupfen. Die Tomaten, Radieschen und die Gurke waschen und in Scheiben schneiden.

2. Die hart gekochten Eier schälen und vierteln. Die Oliven und den Thunfisch abtropfen lassen. Alles vorsichtig vermischen und das Dressing aus Öl, Essig, Crema di Balsamico, Senf, Salz und Pfeffer darübergeben.

Die Zutaten

1 Pflücksalat
1 Bund Rucola
3 Tomaten
5 Radieschen
½ grüne Gurke
2 Eier (hart gekocht)
10 schwarze Oliven
1 Dose Thunfisch

DRESSING:
4 EL Olivenöl
3 EL Kräuteressig
1 EL Crema di Balsamico
1 TL Senf
Salz, Pfeffer

Thunfischmix

1. Die Eier anstechen und in einem kleinen Topf in kochendem Wasser neun Minuten hart kochen.
2. Die Tomaten waschen und in Würfel schneiden. Die Kichererbsen unter laufendem Wasser abspülen und gut abtropfen lassen.
3. Den Thunfisch abtropfen lassen und zerkleinern. Das Basilikum waschen und grob hacken.
4. Die Eier schälen und klein würfeln.
5. Tomaten, Kapern, Eier, Thunfisch und Basilikum mischen. Mit Olivenöl beträufeln, salzen und pfeffern.

Die Zutaten

3 Eier
4 Tomaten
100 g Kichererbsen
(aus der Dose oder dem Glas)
1 Dose Thunfisch
(im eigenen Saft)
frische Basilikumblätter
1 EL Kapern
1 EL Olivenöl
Salz, Pfeffer

Puten-Steinpilz-Salat

1. Für den warmen Salat zunächst das Putenfilet säubern, in Streifen schneiden und diese in Olivenöl anbraten.
2. Steinpilze säubern und in Streifen schneiden.
3. Die Zwiebel schälen, würfeln und mit den in Stücken geschnittenen Steinpilzen in die Pfanne geben.
4. Gut anbraten und mit der Gemüsebrühe ablöschen.
5. Die tiefgekühlten Erbsen zugeben und mit Salz und Pfeffer würzen. So lange köcheln lassen, bis die Flüssigkeit verdampft ist. Mit gehackter Petersilie bestreuen und servieren.

Die Zutaten

300 g Putenfilet
3 EL Olivenöl
100 g Steinpilze
1 Zwiebel
50 ml Gemüsebrühe
100 g Erbsen (tiefgekühlt)
Salz, Pfeffer
3 Zweige Petersilie

Frühling-Herbst-Salat

Die Zutaten

1 Hähnchenbrust
Salz, Pfeffer
2 EL Olivenöl (zum Braten)
½ Radicchio-Salat
10 Stangen grüner Spargel
1 Handvoll Rosenkohl
1 Packung Kressesprossen

DRESSING:
3 EL Olivenöl
2 EL Kräuteressig
1 TL Senf
Salz, Pfeffer

1. Die Hähnchenbrust säubern, salzen und pfeffern. In einer Pfanne mit Olivenöl von allen Seiten gut anbraten.
2. Den Radicchio waschen, trocken schütteln und entweder in Streifen schneiden oder die Blätter als Salatschalen benutzen.
3. Den Spargel im unteren Drittel schälen und für zwei Minuten in kochendes Salzwasser geben. Den Spargel herausnehmen und in dem Wasser den geputzten Rosenkohl drei Minuten kochen.
4. Die Hähnchenbrust in Stücke schneiden und mit Spargel und Rosenkohl zum Radicchio geben.
5. Das Dressing aus Öl, Essig, Senf, Salz und Pfeffer herstellen und mit der Kresse über den Salat geben.

Nadine
–7 kg !
»Ich habe noch nie mit so viel Spaß und so einfach Gewicht verloren!«

Nadines Erfolgsgeschichte

Ich bin selbst soooo stolz darauf, wie sich mein Körper innerhalb von 10 Wochen verändert hat und dass ich zum ersten Mal wirklich diszipliniert ein Programm verfolgt habe.

Vor 10 Wochen fand ich meinen Körper eigentlich gar nicht so schlimm, doch der Schritt auf die Waage brachte dann den Schock! Und erst da habe ich mich einmal ganz ehrlich im Spiegel betrachtet. So konnte es nicht mehr weitergehen!

Es war eine tolle Erfahrung, diese Ernährungsumstellung innerhalb der Familie durchzuführen. Meine 7-jährige Tochter war ganz erstaunt, wie viel ich jetzt in der Küche stehe und koche.

Und ich habe wieder gelernt, richtig zu kochen. Es macht total Spaß und ist so lecker. Durch 10WBC habe ich es nicht nur geschafft, meine Ernährung dauerhaft umzustellen, sondern mich auch an für mich bisher unbekannte Lebensmittel gewagt.

Ich habe noch nie mit so viel Spaß und so einfach Gewicht verloren. Am Anfang war ich selbst überrascht, dass es mir so leichtgefallen ist, meine Ernährung umzustellen. Und das ohne Hungergefühl!

Mein großer D A N K geht natürlich an D!, der mich 10 Wochen lang ununterbrochen motiviert hat, an das Team, die Online-Community und die Facebook-Community und auch an meine Familie, die mich tatkräftig unterstützt und an mich geglaubt hat!

Vielen, vielen Dank,
eure Nadine

vorher

Nadines Rezept

Kürbissuppe

Die Zutaten

2 EL Olivenöl
1 kleine Zwiebel
1 Karotte
½ Chilischote
1 EL frisch geriebener Ingwer
1 kleiner Hokkaido-Kürbis
1 Petersilienwurzel
750 ml Gemüsebrühe
1 Prise Salz
1 Spritzer Zitronensaft
1 EL frisch geriebener Meerrettich
2 EL Kürbiskerne
2 EL Kürbiskernöl

1. Das Olivenöl in einem Topf erhitzen. Die Zwiebel schälen und hacken, mit der gewürfelten Karotte, der gehackten Chili und dem Ingwer in den Topf geben und glasig andünsten.
2. Den Kürbis abwaschen, halbieren und von den Kernen befreien. Den Kürbis in Würfel schneiden. Die Schale kann mitgegessen werden und muss nicht entfernt werden.
3. Die Petersilienwurzel schälen, würfeln und mit den Kürbiswürfeln in den Topf geben und eine Minute kurz schwenken.
4. Mit der Gemüsebrühe ablöschen und aufkochen lassen. Die Suppe sollte 25 Minuten köcheln und etwas an Flüssigkeit verlieren.
5. Ist der Kürbis weich, wird die Suppe mit dem Zauberstab püriert. Mit Salz und Zitronensaft abschmecken.
6. Suppe in Teller füllen und etwas frisch geriebenen Meerrettich, Kürbiskerne und Kürbiskernöl darübergeben.

Spargel-Hühner-Topf

Die Zutaten

700 ml Hühnerbrühe
2 Hähnchenfilets
5 Stangen grüner Spargel
5 Stangen weißer Spargel
2 Stangen Sellerie
½ Chilischote
3 Zweige Liebstöckel
Salz, Pfeffer
1 Spritzer Zitronensaft
½ Bund Petersilie

1. Die Hühnerbrühe zum Kochen bringen, dann die Temperatur reduzieren.

2. Die Hähnchenfilets unter kaltem Wasser abspülen, trocken tupfen und in Streifen schneiden. Diese Streifen in die Brühe geben und ziehen lassen.

3. Den Spargel, den Sellerie und die Chili waschen, putzen und in Stücke schneiden. Ebenfalls in die Brühe geben.

4. Den Liebstöckel waschen und gehackt in die leicht köchelnde Suppe geben. Nach insgesamt acht bis zehn Minuten Kochzeit die Suppe mit Salz, Pfeffer und Zitronensaft abschmecken. Mit gehackter Petersilie servieren.

Minestrone

Die Zutaten

2 EL Olivenöl
1 Zwiebel
1 Knoblauchzehe
1 Karotte
1 Stange Staudensellerie
1 Chilischote
1 Lorbeerblatt
1 EL Tomatenmark
600 ml Gemüsebrühe
150 g Rinderhack
1 Zucchini
5 Champignons
1 Dose Tomaten (passiert)
1 Dose Tomatenstücke
Salz, Pfeffer
3 Zweige Basilikum
1 EL Sonnenblumenkerne

1. Öl in einem Topf erhitzen, Zwiebel und Knoblauch schälen, würfeln und darin glasig dünsten.

2. Anschließend Karotte und Sellerie putzen, würfeln und in den Topf geben, dann die fein gehackte Chilischote und das Lorbeerblatt zufügen.

3. Umrühren – damit nichts anbrennt – und nun das Tomatenmark hinzugeben. Eine Minute rühren und alles mit der Gemüsebrühe ablöschen.

4. Aus dem Hackfleisch kleine Bällchen formen und in die Suppe geben. Zucchini waschen, Champignons putzen, beides in Scheiben schneiden und mit den Dosentomaten in den Topf geben.

5. Mit einer Prise Salz und Pfeffer würzen und 10 Minuten leicht köcheln lassen.

6. Mit Salz und Pfeffer abschmecken und mit dem frischen Basilikum und den Sonnenblumenkernen bestreuen und dann servieren.

Dein BodyChange®-Weg im Supermarkt

- ✓ Gemüse
- ✓ Früchte für Obst-Milch-Baustein
- ✓ Kräuter

- ✓ Joghurt und Buttermilch für Obst-Milch-Baustein

- ✓ Fleisch
- ✓ Fisch

- ✓ Erbsen
- ✓ Bohnen
- ✓ Linsen
- ✓ Nüsse

- ✓ Tee
- ✓ Kaffee
- ✓ Wasser

Kasse

Orientalische Tomaten-Hack-Suppe

1. Das Hackfleisch mit Salz, Pfeffer, einer kräftigen Prise gemahlenem Kreuzkümmel und einem Esslöffel Ajvar würzen und Bällchen daraus formen.

2. Das Öl in einem Topf erhitzen, Zwiebel und Knoblauch schälen, hacken und mit gehackter Chili im Öl glasig dünsten. Salz, Pfeffer, Kreuzkümmel und Fenchelsamen dazugeben. Mit der Gemüsebrühe ablöschen und die Dosentomaten zugeben.

3. Die Suppe einmal aufkochen lassen, dann das restliche Ajvar zugeben und alles 10 Minuten köcheln lassen. Die Suppe mit dem Zauberstab pürieren und die Hackbällchen in die Suppe geben.

4. Bei geringer Temperatur die Hackbällchen 10 Minuten gar ziehen lassen. Mit Salz, Pfeffer und Kreuzkümmel abschmecken. Zum Servieren gehackte Minze über die Suppe streuen.

Die Zutaten

200 g Hackfleisch
Salz, Pfeffer
1 TL Kreuzkümmel
1 Glas Ajvar
3 EL Rapsöl
1 Zwiebel
1 Knoblauchzehe
1 Chilischote
1 Prise Fenchelsamen (gemahlen)
400 ml Gemüsebrühe
2 Dosen Tomaten (passiert)
3 Zweige Minze

Melanies Rezept

»Ich bin jetzt in der 10. Woche und habe bisher ganz ohne Stress und supereinfach 12 kg abgenommen. Ich bin sehr stolz auf mich!«

Melanie, –12 kg

Wokgemüse mit Schweinefilet

Die Zutaten

1 Schale Zuckerschoten
1 Brokkoli
500 g Schweinefilet
2 EL Öl
Salz, Pfeffer, Cayennepfeffer, Chiliflocken

1. Zuckerschoten waschen. Brokkoli ebenfalls waschen und in Stücke zerkleinern.
2. Schweinefilet säubern und in Stücke schneiden.
3. Schweinefilet kurz im Wok mit Öl anbraten und anschließend mit Salz, Pfeffer, Cayennepfeffer und Chiliflocken würzen. Das Fleisch aus dem Wok nehmen und das Gemüse darin anbraten.
4. Ein bisschen Wasser dazugeben und nach Geschmack mit Salz und Pfeffer würzen. Deckel daraufgeben und kurz kochen lassen.
5. Das Fleisch wieder hinzufügen, warm werden lassen und alles abschmecken.

Der Klassiker – Steak mit Bohnen

1. Das Fleisch nicht direkt aus dem Kühlschrank in die Pfanne geben, es sollte Zimmertemperatur haben. Eine Grillpfanne stark erhitzen und das Fleisch von beiden Seiten zwei Minuten anbraten. Danach das Fleisch in Alufolie einpacken und bei 100 °C für fünf Minuten in das Backrohr legen.

2. Die Bohnen waschen und putzen. Wasser zum Kochen bringen und die Bohnen darin fünf bis sechs Minuten bissfest garen. Abtropfen lassen, mit kaltem Wasser kurz abschrecken und in einem Topf mit zerlassener Butter schwenken, mit Salz und Pfeffer würzen.

3. Das Steak mit Meersalz und grobem Pfeffer aus der Mühle würzen und mit den Bohnen auf vorgewärmten Tellern anrichten.

Die Zutaten

2 Steaks vom Rind (z. B. Hüfte)
200 g grüne Bohnen
1 EL Butter
Salz, Pfeffer
Meersalz
grober schwarzer Pfeffer aus der Mühle

Die Zutaten

100 g Brokkoli
2 EL Butter
1 Zimtstange
Mark von einer Vanilleschote
Salz, Pfeffer
150 g Rinderfilet
1 Handvoll Mandelstifte
2–3 Cocktailtomaten
1 Scheibe Serrano-Schinken

Connys Rezept

Rinderfilet mit Serrano-Schinken und Mandelbrokkoli

1. Brokkoli waschen und in Röschen zerteilen. Einen Esslöffel Butter in einer Pfanne erhitzen und den Brokkoli mit der Zimtstange und der Vanille bei niedriger Hitze darin garen, anschließend salzen und pfeffern.

2. Das Rinderfilet mit Salz einreiben und pfeffern. Das Fleisch in einer zweiten Pfanne mit der restlichen Butter rundherum anbraten.

3. Das Filet aus der Pfanne nehmen und die Mandeln hineingeben und anrösten. Die Mandeln dann zum Brokkoli geben, die Zimtstange herausnehmen.

4. Fleisch und Gemüse auf einem Teller anrichten und mit einer dünn geschnittenen Serrano-Schinken-Scheibe und halbierten Cocktailtomaten belegen.

Holzfällersteak

Die Zutaten

1 kleine Zwiebel
250 g gemischtes Hackfleisch
1 große Prise Salz und Pfeffer
je 1 Prise granuliertes Zwiebel- und Knoblauchpulver
1 TL Senf

BELAG:
1 große rote Zwiebel
½ TL Salz
1 TL Öl

1. Eine kleine Zwiebel schälen, fein hacken und zu dem Hackfleisch geben. Salz, Pfeffer, Zwiebel-, Knoblauchpulver und Senf dazugeben und alles gut vermengen.

2. Zwei gleich große Steaks aus dem Hackfleisch formen und diese von beiden Seiten mindestens drei Minuten bei mittlerer Hitze grillen.

3. Die große rote Zwiebel schälen, in dünne Scheiben schneiden, mit einem ½ Teelöffel Salz bestreuen und fünf Minuten ziehen lassen. Dadurch werden die Zwiebeln beim Braten weicher.

4. Anschließend Zwiebeln mit einem Teelöffel Öl in einer Pfanne glasig dünsten.

5. Fleisch auf einen Teller legen, Zwiebeln darübergeben, servieren.

Die Zutaten

1 Stück Ingwer (ca. daumengroß)
4 Karotten
1 Bund Frühlingszwiebeln
2 Knoblauchzehen
Olivenöl
2–3 EL Sojasoße (ohne Zucker)
500 g Hackfleisch
1 Ei
Salz, Pfeffer, Chiliflocken
etwas Butter zum Einfetten der Förmchen

Evas Rezept

Asia-Hack-Muffins

1. Ingwer und Karotten schälen und fein raspeln. Frühlingszwiebeln waschen und in Ringe schneiden. Knoblauchzehen schälen.

2. Ingwer, Karotten, Frühlingszwiebeln und den gepressten Knoblauch in etwas Olivenöl scharf anbraten und mit Sojasoße abschmecken.

3. Das Gemüse mit dem Hackfleisch und dem Ei vermischen, mit Salz, Pfeffer und Chiliflocken würzen, in die mit Butter eingefetteten Förmchen geben und bei 180 °C Umluft ca. 30 Minuten backen.

Tipp

Dazu schmeckt ein frischer Salat besonders lecker.

Jessica –70 kg!

»Ich bin heute ein völlig anderer Mensch mit einer neuen Persönlichkeit. Selbstbewusst, mutig und aufgeschlossen!«

Die Zutaten

2 Hähnchenbrüste (je ca. 180 g)
40 g Ingwer
7 Knoblauchzehen
2 Paprikaschoten
1 Zucchini
4 große Champignons
Olivenöl
3 EL Currypulver
3 EL Paprikapulver
2 EL Kurkuma
2 TL Koriander
Salz, Pfeffer
Currypaste nach Belieben (rot, grün oder gelb)
ca. 100 g Tomatenmark

Annas Rezept

Hähnchencurry

1. Hähnchenbrust säubern und in Würfel schneiden. Ingwer und Knoblauch schälen und fein würfeln.

2. Paprikaschoten waschen, Kerngehäuse entfernen und Paprika in feine Streifen schneiden. Zucchini waschen und in Würfel schneiden. Champignons putzen und in Scheiben schneiden.

3. Etwas Öl in einen Topf geben und darin den Ingwer und den Knoblauch kurz anschwitzen.

4. Currypulver, Paprikapulver, Curcuma, Koriander, Salz und Pfeffer dazugeben und etwas rösten. Currypaste je nach Schärfewunsch dazugeben.

5. Das Tomatenmark dazugeben und ebenfalls anrösten. Mit ca. 1,5 Liter Wasser ablöschen. Anschließend das Fleisch und das Gemüse in den Topf geben und in der Soße fertig garen. Zum Schluss abschmecken.

Glasnudeln mit Rucola

Die Zutaten

etwas Butter
½ Zwiebel
25 g Pinienkerne
200 g Mailänder Salami in Scheiben
150 ml trockener Weißwein
2 TL Gemüsebrühenpulver
1 TL Tomatenmark
Salz, Pfeffer
50 g Rucola
400 g Mung-Glasnudeln
nach Belieben etwas Parmesan

1. In einer Pfanne etwas Butter erhitzen. Die Zwiebel schälen, würfeln und in der Butter andünsten. Pinienkerne dazugeben und rösten.

2. Sobald die Zwiebeln und die Pinienkerne angebraten sind, die Mailänder Salami dazugeben und mitbraten. Mit 0,15 Litern trockenem Weißwein ablöschen.

3. Die Gemüsebrühe sowie Tomatenmark hinzufügen und alles mit etwas Salz und Pfeffer würzen. Rucola waschen, trocken schütteln und die Hälfte in die Pfanne geben. Die laut Packungsanweisung zubereiteten Glasnudeln daruntermischen.

4. Nudelmischung auf Tellern anrichten, mit dem restlichen Rucola dekorieren und bei Bedarf mit etwas Parmesan bestreuen.

Tipp

Bei der Auswahl der Glasnudeln darauf achten, dass sie aus Mung-Bohnen hergestellt sind.

Stremellachs mit grünem Dillsalat

Die Zutaten

1 kleine Gurke

DRESSING:
½ Bund Dill
1 EL Olivenöl
1 EL Zitronensaft
1 TL scharfer Meerrettich
Salz und Pfeffer

200 g Stremellachs

1. Die Gurke waschen und in Scheiben schneiden.
2. Für das Dressing den Dill hacken und mit den restlichen Zutaten vermengen. Unter die Gurkenscheiben mischen und alles kurz ziehen lassen.
3. Den Lachs rechtzeitig aus dem Kühlschrank nehmen, damit er Zimmertemperatur annehmen kann, und auf dem Salat anrichten.

Wieso ist BodyChange® zu einer globalen Abnehmbewegung geworden?

Die Prinzipien sind

- ✓ einfach
- ✓ wirksam
- ✓ life-changing
- ✓ interaktiv
- ✓ modern

BodyChange® = Abnehmen 2.0

Die Zutaten

2 Karotten
1 Chilischote
100 g Chilibohnen (aus der Dose)
2–3 EL Butter (auch zum Braten)
100 g Garnelen
Dill
1 Zwiebel
Schale einer Limette
4 Eier

Karottenspaghetti mit Garnelen und Spiegelei

1. Karotten schälen und mit dem Schäler dünne Streifen abhobeln (Karottenspaghetti).

2. Chilischote waschen, die Kerne entfernen und Chili in kleine Würfel schneiden. Die Chilibohnen in ein Sieb geben und unter laufendem Wasser abspülen.

3. 1 EL Butter in der Pfanne erhitzen. Die Garnelen und die Chilischote zugeben und anbraten. Den Dill waschen, trocken schütteln und klein schneiden. Die Zwiebel schälen, in Scheiben schneiden und mit der Limettenschale zu den Garnelen geben. Die Chilibohnen kurz mit anbraten.

4. Etwas Butter in einer zweiten Pfanne erhitzen und vier Spiegeleier braten. Karottenspaghetti und Eier auf dem Teller anrichten und die Garnelen darübergeben. Mit Dill garnieren.

Sandras Rezept

Lachstatar auf italienischem Pflücksalat

1. Die Zitrone auspressen und den Saft mit der gewaschenen und klein geschnittenen Frühlingszwiebel in eine Schüssel geben.

2. Den Lachs klein schneiden und unter die Zitronen-Zwiebel-Mischung rühren. Ca. 10 Minuten ziehen lassen.

3. Den Salat waschen und mit einem Olivenöl-Dattelessig-Dressing anrichten.

4. Die Nussmischung kurz anrösten und damit den Salat garnieren. Zum Schluss das Lachstartar darübergeben.

Die Zutaten

1 Bio-Zitrone
1 Frühlingszwiebel
200 g geräucherter Lachs
ca. 150 g italienischer Pflücksalat
3 EL Nussmischung nach Wahl

DRESSING:
Olivenöl, Dattelessig, Salz, Pfeffer

»Mich begeistert an 10WBC, dass ich nicht hungern muss und dass es sich wunderbar in meinen Alltag einfügt. Ich bin Mutter eines 19 Monate alten Sohnes!«

Sandra, –7,5 kg

Lachsrolle

Die Zutaten

FÜR DIE PFANNKUCHEN:
2 Eier
1 EL gemahlene Mandeln
3 EL Mineralwasser
Salz, Pfeffer

FÜR DIE FÜLLUNG:
1 EL frischer geriebener Meerrettich
3 Scheiben geräucherter Lachs
½ grüne Gurke
2 Zweige Dill

1. Aus Eiern, Mandeln, Mineralwasser, Salz und Pfeffer einen Teig herstellen, zwei dünne Pfannkuchen in einer Pfanne ausbacken.

2. Auf die abgekühlten Pfannkuchen den frischen Meerrettich raspeln (schön scharf), den Lachs auflegen und dünne Gurkenstreifen ohne Kerngehäuse darauflegen. Dill waschen, trocken schütteln, klein schneiden, auf den Lachs geben.

3. Rolle etwas andrücken, wie eine Zigarre aufrollen und mit einem scharfen Messer Scheiben von der Rolle abschneiden.

Fischfilet im Kräuter-Zitronen-Mantel

Die Zutaten

1 TL Fenchelsamen
1 EL gehackte Petersilie
1 TL gehackter Dill
1 TL gehackter Schnittlauch
1 TL gehackter Estragon
Salz und Pfeffer
3 EL Olivenöl
1 Zitrone
2 Lachsfilets
3 Karotten

1. Fenchelsamen im Mörser zerstoßen und mit den gehackten Kräutern, Salz, Pfeffer, einem Esslöffel Olivenöl und dem Saft einer halben Zitrone vermengen. Die Kräutermischung auf den küchenfertigen Lachsfilets verteilen (nicht auf der Hautseite) und leicht andrücken.

2. In einer Pfanne einen Esslöffel Öl erhitzen und den Lachs mit der Kräuterkruste nach oben anbraten. Dabei die Pfanne beim Einlegen des Lachs sehr heiß werden lassen und danach auf mittlere Hitze zurückdrehen.

3. Ist nach ca. zwei Minuten die Unterseite goldbraun, den Lachs aus der Pfanne nehmen und im Backofen bei 120 °C fünf Minuten gar ziehen lassen. Die Karotten waschen, putzen und, z. B. mit einem Spiralschneider, aufschneiden.

4. In einer Pfanne einen Esslöffel Olivenöl erhitzen, die Karotten dazugeben und unter ständigem Wenden ziehen lassen. Nach ca. fünf Minuten sind sie heiß, aber auch noch bissfest. Mit Salz und Pfeffer abschmecken und zusammen mit dem Lachs und einer Scheibe Zitrone anrichten.

3

Vollschmecker

BodyChange®-Gerichte mit Pfiff!

Die Zutaten

400 g Paprikaschoten
in zwei Farben, je 200g
1 große Zwiebel
1 daumengroßes Stück Ingwer
2 EL Olivenöl zum Anbraten
1 Liter Gemüsebrühe
1 Knoblauchzehe
fein geschnitten
1 TL Tomatenmark
Salz, Pfeffer

FÜR DIE EINLAGE:
6 Scampi
1 EL Olivenöl
je 1 Prise Chilipulver, Salz,
Pfeffer
2 Stiele frische Petersilie

Zweifarbige Paprikasuppe

1. Zwei Töpfe aufstellen, die Paprikaschoten werden nach Farben getrennt gekocht.
2. Die Paprikaschoten halbieren, Kerne entfernen, Schoten waschen und in Würfel schneiden, Zwiebel und Ingwer schälen und fein würfeln.
3. Jeweils eine Paprikasorte mit Zwiebel und Ingwer in Olivenöl in einem Topf drei Minuten dünsten und die Zwiebeln glasig werden lassen. Dann mit jeweils 500 ml Gemüsebrühe ablöschen, Knoblauch hinzufügen und die Suppen 30 Minuten mit geschlossenem Deckel köcheln lassen.
4. Wenn alles weich gekocht ist, bei der roten Paprikasuppe Tomatenmark einrühren und die Suppen jeweils mit einem Stabmixer fein pürieren.
5. Nochmals auf dem Herd erhitzen und mit Salz und Pfeffer abschmecken.
6. Die Scampi mit Olivenöl, Chilipulver, Salz, Pfeffer und gehackter Petersilie marinieren und nach 10 Minuten Ruhezeit in einer Pfanne anbraten.
7. Die Suppen im Glas oder auf einem tiefen Teller zweifarbig anrichten und die Scampi dazugeben.

Tipp

Sehr fein wird die Suppe, wenn man die Haut der Paprikaschoten vorher entfernt. Dazu die Paprikahälften im Herd unter den Grill geben und warten, bis die Haut schwarz wird und Blasen wirft. Aus dem Ofen nehmen, kurz abkühlen lassen und die Haut entfernen.

Spinat-Kokos-Suppe mit Fischfilet

Die Zutaten

250 g Blattspinat (tiefgekühlt)
1 Zwiebel
1 daumengroßes Stück Ingwer
¼ Chilischote
1 EL Butter
400 ml Gemüsebrühe
100 ml Kokosmilch
Salz, Pfeffer
1 Fischfilet, z. B. Seelachs

1. Den Blattspinat auftauen lassen und zur Seite stellen.
2. Zwiebel und Ingwer schälen, Chili waschen und entkernen, dann alles klein schneiden und in einem Topf mit Butter andünsten.
3. Den Blattspinat zugeben und mit der Gemüsebrühe ablöschen, die Kokosmilch dazugeben. Gut umrühren, das Ganze kurz aufkochen und fünf Minuten köcheln lassen.
4. Mit Salz und Pfeffer abschmecken und mit dem Zauberstab pürieren. Dazu das gebratene Fischfilet, gewürzt mit Salz und Pfeffer, anrichten.

»Obwohl ich während des Programms normal essen konnte, habe ich 14 Kilo in 10 Wochen abgenommen. Ich bin total begeistert und unglaublich stolz!«

Nico –14 kg !

Antipasti

Die Zutaten

1 Zucchini
1 Paprikaschote
1 frische Knoblauchknolle
Gemüse wie z. B. Kohlrabi oder Kürbis
Salz, Pfeffer
1 Zweig Rosmarin
Olivenöl
Balsamico-Essig
1 Handvoll grüne Oliven
5–6 getrocknete Tomaten

FÜR DAS EXTRA:
4 Stangen grüner Spargel
1 EL Olivenöl
1 EL heller Balsamico-Essig
Salz, Pfeffer
1 Ei
1 TL Butter

1. Zucchini und Paprikaschote waschen, Paprikakerne entfernen und alles in daumengroße Stücke schneiden. Bei der Knoblauchknolle das äußere Häutchen entfernen (die Zehen aber nicht frei machen) und anschließend den Boden abschneiden. Festere Gemüsesorten wie zum Beispiel Kohlrabi lassen sich gut mit einem Plätzchenausstecher oder Melonenkugelformer in Form bringen.

2. Das Gemüse in eine feuerfeste Schale geben, salzen, pfeffern, einen Zweig Rosmarin dazugeben, mit gutem Olivenöl beträufeln und einen Schuss Balsamico-Essig dazugeben.

3. Im Backofen bei 175 °C backen, 2–3-mal umrühren, bis das ganze Gemüse eine schöne goldbraune Farbe hat (Dauer: ca. 15 Minuten).

4. Das Gemüse mit den Oliven und getrockneten Tomaten auf einem Teller anrichten.

Antipasti-Extra-Tipp

1. Den grünen Spargel in einer Grillpfanne mit Olivenöl kurz anbraten, mit hellem Balsamico-Essig ablöschen und mit Salz und Pfeffer würzen.

2. Für das Antipasti-Extra ein Ei weich kochen, heiß köpfen und Butter hineingeben.

3. Das flüssige Eigelb ergibt mit der Butter eine schöne Soße zum Dippen für den bissfesten grünen Spargel.

Salat mit Hähnchen und Linsenvinaigrette

1. Linsen in reichlich Wasser bissfest garen. Im Sieb abgießen und abtropfen lassen.

2. Chilischoten waschen, Kerne entfernen und Fleisch in dünne Streifen schneiden.

3. Hähnchenbrust säubern und mit Salz und Cayennepfeffer würzen. In Erdnussöl bei mittlerer Hitze ca. 10 Minuten braten.

4. Schnittlauch und Petersilie waschen, trocken schütteln, hacken, mit Olivenöl und Essig mischen. Linsen dazugeben, mit Salz und Cayennepfeffer abschmecken.

5. Salat waschen, trocken schütteln, in mundgerechte Stücke zupfen. Mit Chili mischen.

6. Die Hähnchenbrust in Streifen schneiden und zum Salat geben. Linsen-Vinaigrette darübergeben und sofort servieren.

Die Zutaten

60 g rote Linsen
2 Chilischoten
4 Hähnchenbrüste
(je ca. 120 g)
Salz, Cayennepfeffer
1 EL Erdnussöl
1 Bund Schnittlauch
½ Bund Petersilie
8 EL Olivenöl
5 EL Kräuteressig
400 g Blattsalat

Die Zutaten

250 g Rinderfilet am Stück
2 EL Olivenöl
Salz, schwarzer Pfeffer aus der Mühle
1 Zitrone
50 g Parmesan am Stück

Tipp

Wer mag, kann das Carpaccio mit gerösteten Pinienkernen, Rucola und etwas Crema di Balsamico veredeln.

Carpaccio

1. Das Rinderfilet in möglichst dünne Scheiben schneiden und mit einem Messer ausstreichen, bis es dünn genug ist.

2. Zwei Teller mit etwas Olivenöl bestreichen und mit Salz und Pfeffer bestreuen.

3. Die hauchdünnen Scheiben Filet leicht überlappend nebeneinander auf dem Teller verteilen, bis dieser vollständig ausgelegt ist.

4. Das Rinderfilet auch auf der Oberseite mit Olivenöl einpinseln, mit Salz, Pfeffer und Zitronensaft würzen und mit frisch gehobeltem Parmesan bestreuen.

Filetstreifen im Sesammantel

1. In einer Pfanne ohne Fett den Sesam anrösten, dann auf einen flachen Teller geben.

2. Öl in der Pfanne erhitzen und darin das in Streifen geschnittene Fleisch von allen Seiten kurz anbraten, mit Salz und Pfeffer würzen. Die Fleischstreifen direkt aus der Pfanne auf den Teller mit dem Sesam geben, darin wenden und dann auf Spieße stecken. Mit grünem Salat anrichten.

Die Zutaten

2 EL Sesam
1 EL Pflanzenöl
250 g Rinderfilet
Salz und Pfeffer
150 g grüner Salat

Die Zutaten

FÜR DIE SOSSE:
2 EL Olivenöl
30 g Schinkenspeck
1 Zwiebel
1 Knoblauchzehe
½ Chilischote
400 g Hackfleisch (gemischt)
1 Bund Suppengrün (Karotte, Sellerie, Lauch)
100 ml Gemüsebrühe
2 Dosen Tomaten (stückig)
2 Tomaten
1 gute Prise Salz und frisch gemahlener Pfeffer
2 EL Tomatenmark
½ Bund Petersilie

FÜR DEN PASTAERSATZ:
3 große Karotten
1 EL Olivenöl
Salz, Pfeffer

Bolo

1. Für die Soße 2 Esslöffel Olivenöl in einem Topf erhitzen und darin den gewürfelten Schinkenspeck auslassen. Zwiebel und Knoblauch schälen, Chili waschen, entkernen, alles fein hacken, in den Topf geben und glasig werden lassen.

2. Anschließend das Hackfleisch dazugeben und unter ständigem Rühren anbraten.

3. Das Suppengrün putzen und sehr klein würfeln, ebenfalls in den Topf geben und anschwitzen. Bevor es zu braun wird und sich zu viele Röstaromen bilden, mit der Gemüsebrühe ablöschen und die Dosentomaten und die gewaschenen, gewürfelten frischen Tomaten zugeben.

4. Mit Salz, Pfeffer und Tomatenmark würzen und mindestens eine Stunde leicht köcheln lassen. Je länger, desto besser. Immer wieder umrühren, damit nichts anbrennt. Petersilie waschen, trocken schütteln, hacken und zum Schluss unterheben.

5. Für die »Pasta« die Karotten waschen und schälen, mit dem Gemüseschäler der Länge nach dünne Streifen abhobeln. In einer großen Pfanne Öl erhitzen und die Karotten zwei, drei Minuten darin schwenken. Einen leichten Biss sollten sie behalten. Mit Salz und Pfeffer würzen und mit der Soße anrichten.

Bennis Erfolgsgeschichte

Es war eine spontane Entscheidung mitten in der Nacht vor dem Schlafengehen. Ich hab 10WBC zufällig im Internet gefunden. Ich sah, klickte und siegte. Ich muss dazu sagen, dass ich vorher nicht wirklich übergewichtig war, sondern eher einige Gemütlichkeitspolster aufzuweisen hatte.

In den folgenden 10 aktiven Wochen habe ich 6 kg Gewicht und 9 cm Umfang verloren. Das war eine absolute Überraschung für mich. Außerdem habe ich mich selten so fit gefühlt.
Ich habe zwar schon immer relativ viel Sport gemacht, habe in den 10 Wochen aber festgestellt und vor allem auch für die Zukunft gelernt, dass Sport allein nicht den gleichen Effekt hat wie die Kombination mit einer gesunden Ernährung.

Vorher hatte ich das zwar schon tausendmal gehört, aber nie umgesetzt. Gesunde Ernährung hieß für mich: Gemüse, Joghurt-Zeug und Hungern. Doch bei diesem Programm musste ich zu meinem großen Erstaunen keinen einzigen Tag hungern. Zudem war das Essen echt lecker und ich habe sogar Spaß am Kochen gefunden. Wer mich kennt, der weiß, dass das eigentlich unglaublich ist.

Durch 10WBC habe ich gelernt, mir konsequent Zeit für meine Ernährung zu nehmen und mich bewusst satt zu essen. Ich fühle mich jetzt mit 30 Jahren fitter, als ich es mit 18 war. Ich mache auch nach den 10 Wochen mit dieser Ernährung weiter, denn an meinem Körper lässt sich noch einiges verändern … Vielen Dank!!

Beste Grüße,
Benni

Benni –6 kg!

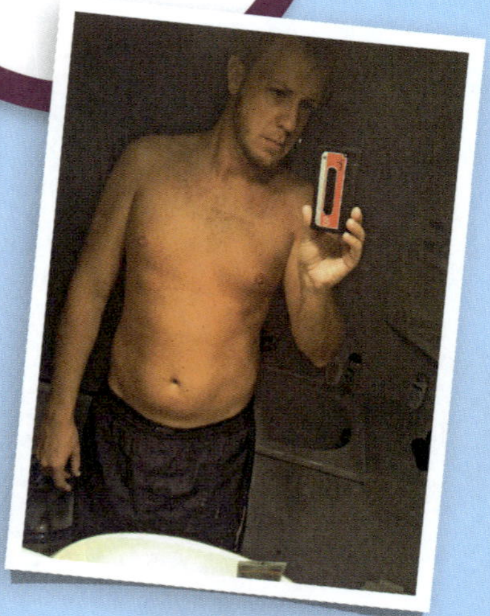

vorher

Sport macht glücklich

Um körperlich und geistig fit zu sein, gibt es nichts Besseres als Training. Man fühlt sich einfach energie- und kraftvoller, glücklicher und insgesamt wohler. Zudem steigt die Konzentrationsfähigkeit und man kann besser schlafen. Ein ausgeklügelter Hormonmix ist dafür verantwortlich:

▸ Training macht wach und kreativ

Das ACTH-Hormon sorgt dafür, dass du dich nach dem Training frisch fühlst und konzentriert an deine Arbeit gehen kannst.

▸ Training macht glücklich

Aufgrund der physischen Anstrengung beim Training produziert dein Körper Endorphine. Deswegen fühlst du dich nach jedem Workout einfach super und voller Energie.

▸ Training entspannt

Kortisol und Adrenalin lassen den Stresspegel beim Training ansteigen, sorgen aber auch dafür, dass du dich nach dem Workout entspannen kannst.

▸ Training lässt dich besser schlafen

Testosteron ist nicht nur für den Muskelzuwachs verantwortlich, sondern auch für erholsamen Schlaf.

▸ Training macht schlank

Mit nur 2 x 20 Minuten Sport pro Woche wirst du fit und kurbelst deine Fettverbrennung an!

Zucchinitagliatelle mit Hackbällchen

1. Petersilie waschen, trocken schütteln und klein schneiden. Bohnen im Sieb unter fließendem Wasser abspülen.
2. Zwiebeln schälen und klein schneiden. Chilischote waschen, Kerne entfernen und Chili klein schneiden. Alles mit Hackfleisch, Ei, Petersilie und Bohnen in eine Schüssel geben.
3. Nach Belieben würzen und alles ordentlich durchkneten. Hackfleischmasse zu kleinen Bällchen formen.
4. Öl oder Butterschmalz in eine Pfanne geben und die Hackfleischbällchen je nach Größe 3–5 Minuten von beiden Seiten anbraten.
5. Zucchini waschen und mit einem Gemüseschäler in Streifen (Tagliatelle) hobeln. Kurz in einer Pfanne mit etwas Öl anbraten.
6. Tomaten waschen, in Stücke schneiden und mit Oliven, Basilikum 5–10 Minuten in einer Pfanne köcheln lassen. Nach Belieben würzen.
7. Hackfleischbällchen mit Zucchini-Tagliatelle und Soße auf einem Teller anrichten und mit frischem Basilikum garnieren.

Die Zutaten

HACKFLEISCHBÄLLCHEN (CA. 15 STÜCK):

½ Bund Petersilie oder z. B. italienische Gewürze wie Oregano, Basilikum
6 EL rote oder weiße Bohnen
1 kleine Zwiebel
½ Chilischote
400 g Hackfleisch
1 Ei
Salz, Pfeffer, Paprikapulver
Öl oder Butterschmalz

TAGLIATELLE (2 PORTIONEN):

1 Stück Zucchini
1 EL Öl

SOSSE:

ca. 10 Cocktailtomaten
ca. 10 schwarze, entkernte Oliven
Basilikum
Salz, Pfeffer

Schweinefiletröllchen mit Chorizo

Tipp

Dazu passt ein leichter Blatt-, Tomaten- oder Krautsalat als Beilage.

Die Zutaten

1 kleines Schweinefilet
Salz, Pfeffer
4 kleine Chorizo (kräftige Paprika-Knoblauch-Wurst)
8 Scheiben Speck

1. Das Schweinefilet abwaschen und trocken tupfen. In vier gleich große Stücke schneiden und diese einzeln unter Folie flach klopfen.

2. Jedes der Stücke etwas salzen und pfeffern. Je eine Chorizo darauflegen und das Fleisch so darumlegen, dass keine Wurstteile mehr zu sehen sind. Fest andrücken, mit Speckstreifen umwickeln, nochmals fest andrücken.

3. Bei mittlerer Hitze von allen Seiten insgesamt 10 Minuten knusprig grillen oder anbraten.

Jennifers Rezept

Schweinebraten mit Bratensoße und grünem Spargel

1. Zwiebeln, Karotten, Knoblauch schälen und alles in kleine Stücke schneiden.

2. Frühlingszwiebel waschen und in kleine Ringe schneiden.

3. Die Gewürze mit dem Senf vermischen und den Schweinebraten rundherum kräftig damit einreiben. Dann etwa 30 Minuten im Kühlschrank ruhen lassen.

4. Das Fleisch in einem Topf rundherum in Öl oder Butterschmalz scharf anbraten. Danach Zwiebel, Karotte, Frühlingszwiebel und Knoblauch dazugeben und kurz mitbraten.

5. Alles erst mit 4 Esslöffel Sojasoße und danach mit ca. 350–400 ml Brühe ablöschen und 45 Minuten bei niedriger Hitze köcheln lassen. Dann das Fleisch einmal umdrehen, restliche Brühe zugeben und weitere 45 Minuten köcheln lassen.

Die Zutaten

SCHWEINEBRATEN:
1 kleine Zwiebel
2 Karotten
2 Knoblauchzehen
1 Frühlingszwiebel
1 TL Rosmarin, gemahlen oder frisch
1 TL Oregano, frisch oder getrocknet
½ TL Ingwer, gemahlen
1 TL Salz
1 TL Pfeffer
½ TL Muskat
2–3 TL Senf (Dijon)
1 kg Schweinebraten
Öl oder Butterschmalz
4 EL Sojasoße
500–600 ml Gemüsebrühe
2 EL Ketjap Manis (oder Sojasoße)
Cayennepfeffer
20 g kalte Butter

SPARGEL IM SPECKMANTEL:
6 Stangen grüner Spargel
Olivenöl, Salz und Pfeffer
6 Scheiben luftgetrockneter Schinken (z. B. Parmaschinken) oder Frühstücksspeck

»Durch 10WBC fühlt man sich viel besser: Das Gewicht geht nach unten, aber die Energie steigt.«

Jennifer, –6 kg

1. Ca. 15 Minuten vor dem Ende der Garzeit den Spargel waschen, die unteren Enden etwas abschneiden und jede Stange mit etwas Olivenöl einreiben, salzen und pfeffern.

2. 3 Spargelstangen mit zwei Scheiben Schinken fest umwickeln. Bei mittlerer Hitze ca. 10 Minuten anbraten, bis der Schinken schön kross und der Spargel noch bissfest ist.

3. Fleisch aus dem Topf nehmen und in Alufolie wickeln. Zwei Esslöffel Ketjap Manis oder alternativ zwei Esslöffel Sojasoße in die Brühe geben, mit etwas Cayennepfeffer würzen und Soße mit einem Stabmixer pürieren. Kurz aufkochen, ausschalten und vom Herd nehmen, dann die kalte Butter mit einem Schneebesen einrühren.

4. Das Fleisch aufschneiden und mit der Soße und den Spargelpäckchen servieren.

Anja
–7 kg !

Die Zutaten

HÄHNCHENFILET MIT MARINADE:
2 Hähnchenfilets (je ca. 180 g)
1 Knoblauchzehe
1–2 TL weiche Butter
Rosmarin, Thymian, Majoran
Salz, Pfeffer, Salz
frischer Schnittlauch, frische Petersilie
1 Eigelb

BOHNENSALSA:
1 Glas Kidneybohnen
1 Zwiebel
1 Knoblauchzehe
1 rote Paprikaschote
1 Chilischote
Olivenöl
100 g passierte Tomaten
Sojasoße, Salz, Pfeffer, Paprikapulver

SCHARFES GEMÜSE:
4 Champignons
2 Karotten
1 Zucchini
1 Chilischote
Olivenöl
Salz, Pfeffer, Chiliflocken

Anjas Rezept

Kräuterhähnchen mit scharfem Gemüse und Bohnensalsa

1. Für die Salsa die Kidneybohnen in ein Sieb geben und unter fließendem Wasser gut abspülen.

2. Zwiebel und Knoblauchzehe schälen und fein hacken. Paprika- und Chilischote waschen, Kerngehäuse entfernen und alles fein würfeln.

3. Die Zwiebel in Olivenöl anschwitzen. Passierte Tomaten und klein geschnittenen Knoblauch zufügen, langsam erhitzen.

4. Die Paprika und Chili, Kidneybohnen, etwas Sojasoße, Pfeffer, Salz und Paprikapulver zufügen. Wenn die Flüssigkeit etwas eingekocht ist, alles pürieren.

5. Für das scharfe Gemüse Champignons säubern und von den Stielenden befreien.

6. Karotten schälen, Zucchini waschen und alles in Stücke schneiden. Chilischote waschen, Kerne entfernen und Chili fein würfeln. Das Gemüse in einer Pfanne mit Olivenöl andünsten, bis es bissfest ist. Mit Salz, Pfeffer und Chiliflocken würzen.

7. In der Zwischenzeit das Hähnchenfilet kalt abbrausen und quer in Streifen schneiden. Knoblauchzehe schälen und fein hacken.

8. Für die Marinade die weiche Butter mit den Gewürzen, den Kräutern, dem Eigelb und der gehackten Knoblauchzehe vermischen. Die Hähnchenstreifen damit einstreichen.

9. Den Rest der Marinade in eine Pfanne geben und das Hähnchen darin anbraten.

10. Hähnchenfilet, Gemüse und Bohnensalsa auf einem Teller anrichten.

Tipp

Wenn etwas von der Salsa übrig bleibt, dann einfach in ein Einmachglas füllen, gut verschließen und in den nächsten Tagen zu Grillfleisch genießen. Schmeckt toll!

»BodyChange® ist super, weil es so einfach ist, es durchzuhalten. Ich kann es nur jedem empfehlen.«

Anja, –7 kg

Schweinefilet im Speckmantel

1. Das Schweinefilet unter fließend kaltem Wasser abspülen und auf Küchenkrepp trocknen. Mit Salz, Pfeffer, Majoran rundherum einreiben.

2. Den Speck überlappend ausbreiten, das Fleisch darauflegen und in den Speck einwickeln. Fest andrücken, so braucht man keinen Faden oder Nadeln.

3. Auf dem Grill in der indirekten Hitze, d. h. nicht über direktem Feuer, langsam garen und öfter wenden. Wer einen Grill mit Deckel verwendet, kann diesen schließen, damit das Fleisch besser gart.

4. Nach ca. 15 Minuten zum Bräunen und Speck-Aufknuspern das Filet auf die direkte Hitze bringen und von allen Seiten grillen. Am Tisch portionsweise aufschneiden.

Die Zutaten

500 g Schweinefilet (am Stück)
Salz, Pfeffer
1 TL getrockneter Majoran
10–12 Scheiben Speck

Entenbrust mit Rotkohl-Sesam-Salat

Die Zutaten

1 Entenbrust (ca. 250 g)
Salz, Pfeffer
½ Rotkohlkopf
1 EL Sesam
1 Packung Kressesprossen

DRESSING:
1 EL Sesamöl
1 EL Rapsöl
2 EL ausgelassenes Fett der Entenbrust
3 EL Kräuteressig
Salz, Pfeffer

1. Die Entenbrust unter fließendem Wasser abspülen und säubern. Die Haut rautenförmig einschneiden und das Fleisch rundum mit Salz und Pfeffer würzen. Eine Pfanne erhitzen und die Entenbrust mit der Hautseite nach unten hineinlegen.

2. Nach ca. drei Minuten sollte die Haut goldbraun sein, dann Fleisch umdrehen und weitere drei Minuten braten. Anschließend das Fleisch für acht Minuten bei 120 °C in den Backofen geben.

3. Den Kohlkopf von den äußeren Blättern befreien und mit einer Gemüsereibe in feine Streifen schneiden. Den Sesam in einer fettfreien Pfanne leicht anrösten und zur Seite stellen.

4. Für das Dressing die Öle mit dem Fett der Entenbrust und dem Essig sowie Salz und Pfeffer vermengen und über den Rotkohl geben, alles gut mischen. Am besten eine halbe Stunde ziehen lassen und dabei immer wieder umrühren.

5. Zum Schluss den Rotkohl mit der Kresse und dem Sesam mischen und mit der Entenbrust anrichten.

Putenschnitzel mit Zucchini-Schinken-Füllung (Cordon bleu)

1. Die Putenschnitzel abspülen und trocken tupfen. Zwischen zwei Lagen Frischhaltefolie (oder im Gefrierbeutel) das Fleisch mit einem Fleischklopfer dünn klopfen. Die Folie verhindert das Festkleben und Zerreißen des Fleisches. Das Fleisch salzen und pfeffern.

2. Die Zucchini waschen und mit einem Gemüseschäler in dünne Streifen hobeln. Den Kochschinken auf eine Hälfte des Putenfleisches legen, darauf die Zucchinistreifen verteilen, salzen und pfeffern.

3. Das Fleisch umklappen und die offene Seite mit einem Zahnstocher fixieren. Anschließend Fleisch mit dem Öl bestreichen. Bei mittlerer Hitze grillen oder in der Pfanne drei Minuten von beiden Seiten braten.

Die Zutaten

2 Putenschnitzel
Salz, Pfeffer
1 gelbe Zucchini
2 Scheiben Kochschinken
1 EL Pflanzenöl

Rotbarschfilet mit Kräuterkruste und Salat

Die Zutaten

ROTBARSCHFILET:
3 EL Kräuter
(z. B. Dill, Petersilie, Schnittlauch, Rosmarin)
½ Zwiebel
2 Rotbarschfilets (je ca. 150 g)
1 TL Senf (Dijon)
Salz, Pfeffer
1 EL Olivenöl

SALAT:
1 Kopfsalat
1 rote Paprikaschote
½ Zitrone
1 reife Avocado

DRESSING:
2 EL Kräuteressig
1 EL Senf
Salz, Pfeffer
4 EL Olivenöl
Schnittlauch

1. Die Kräuter abbrausen, trocken schütteln und fein hacken. Die Zwiebel schälen und sehr fein hacken.
2. Fischfilets unter kaltem Wasser kurz abbrausen.
3. Salat waschen, trocken schütteln und in mundgerechte Stücke zupfen.
4. Für die Kräuterkruste die gehackte Zwiebel mit dem Senf, Salz, Pfeffer und den Kräutern verrühren.
5. In eine Auflaufform ein Stück Alufolie geben und auf der glänzenden Seite einölen.
6. Fischfilets darauflegen und mit den Kräutern bestreichen. Im vorgeheizten Backofen bei 200 °C ca. 20 Minuten garen.

7 Die Paprikaschote waschen, Kerngehäuse entfernen und Paprika in feine Würfel schneiden. Zitrone auspressen. Avocado aufschneiden, Kern und Schale entfernen und Fleisch ebenfalls in feine Würfel schneiden. Diese sofort mit Zitronensaft beträufeln, damit sie grün bleiben.

8 Für die Salatsoße in einer Schüssel zuerst Essig, Senf, Salz und Pfeffer mit einem Schneebesen verquirlen. Nun das Öl langsam unterrühren, bis eine sämige Soße entsteht. Den Schnittlauch (oder auch andere frische Kräuter) hinzugeben.

9 Den gegarten Fisch mit den Salatblättern, Paprika- und Avocadowürfeln auf einem Teller anrichten und mit Salatsoße beträufeln.

Und tschüss, Jo-Jo-Effekt!

Von 8000
befragten BodyChange®-
Teilnehmern haben
80 %
ihr Gewicht nach 10WBC
gehalten bzw. noch weiter
abgenommen.

Im Rahmen von

BodyChange® NEXT

unterstützt dich Detlef nach 10 Wochen weiterhin
mit Rezepten, Motivationstipps und neuen Workouts,
damit du langfristig deine Ziele erreichst!

www.bodychange-next.de

Die Zutaten

LACHSFILET:
2 Lachsfilets (je ca. 180 g)
Salz, Pfeffer
1 EL Zitronensaft
Olivenöl

SCHNITTLAUCH-ZITRONEN-AIOLI:
1 Knoblauchzehe
1 Eigelb
1 EL Zitronensaft
125 ml neutrales Öl
Paprikapulver, Chiliflocken
Salz, Pfeffer
frischer Schnittlauch

SALAT:
1 Kopfsalat
1 Avocado
2 EL Zitronensaft (und zum Beträufeln)
1 EL Senf
½ TL Salz
6 EL Olivenöl

Evas Rezept

Lachsfilet mit Zitronen-Aioli

1. Bei der Zubereitung der Schnittlauch-Zitronen-Aioli ist es wichtig, dass alle Zutaten in etwa die gleiche Temperatur haben.

2. Knoblauch schälen. Ei und Zitronensaft in eine Schüssel geben. Knoblauchzehe hineinpressen und alles mit dem Mixstab pürieren.

3. Öl sehr langsam dazugeben und mixen, bis die Masse fest wird. Falls die Soße zu dick sein sollte, einfach etwas Wasser hinzugeben, bis die Masse die gewünschte Konsistenz hat.

4. Mit Paprikapulver, Chiliflocken, Salz und Pfeffer abschmecken.

5 Schnittlauch waschen, trocken schütteln, fein schneiden und nach Belieben hinzugeben. Anschließend Aioli kalt stellen.

6 Salat waschen, trocken schütteln und in mundgerechte Stücke zupfen. Avocado halbieren, den Kern entfernen und Fleisch mit Zitronensaft beträufeln, damit die Farbe erhalten bleibt.

7 Für die Salatsoße Zitronensaft, Senf, Salz, Olivenöl und etwas Wasser vermischen. Lachs abwaschen und Zitrone auspressen.

»Ich fühle mich rundum wohl und nehme auch noch ab dabei, darum empfehle ich BodyChange® gerne weiter.«

Eva, –9 kg

8 Lachs mit Haut salzen und pfeffern und mit Zitrone beträufeln. Anschließend mit etwas Öl einreiben und zunächst auf der Seite ohne Haut scharf anbraten. Dann auf der Hautseite fertig braten.

9 Den Lachs auf einem Teller anrichten, Avocadohälften mit Aioli befüllen und ebenfalls auf den Teller geben. Salatblätter dazugeben und mit Salatsoße beträufeln.

Vongole

1. Zwiebel und Knoblauch schälen und fein hacken.
2. Zwiebel und Knoblauch in einem Topf mit Öl glasig dünsten. Eine Prise Salz hinzugeben. Mit der Hälfte der Brühe ablöschen.
3. Die Muscheln waschen und sortieren. Verletzte und bereits geöffnete Muscheln wegwerfen.
4. Die sauberen Muscheln in den Topf geben. Sobald sie sich öffnen, den Rest der Brühe hinzugeben und den Topf mit einem Deckel schließen. Nach ca. sechs Minuten sollten alle Muscheln offen sein. Die Tomaten waschen, halbieren, Petersilie waschen, trocken schütteln, hacken. Tomaten und Petersilie in einen Topf geben und alles mit Zitronensaft abschmecken.

Die Zutaten

1 Zwiebel
1 Knoblauchzehe
2 EL Olivenöl
Salz
100 ml Gemüsebrühe
500 g Venusmuscheln
6 Kirschtomaten
½ Bund Petersilie
½ TL Zitronensaft

Die 6 besten Helfer für einen sexy Körper

1. etwas Sonne
2. 3 l Wasser
3. 7–8 h Schlaf
4. frische Luft
5. BodyChange®-Ernährung
6. 2 x 20 Min. BodyChange®-Training

Die Zutaten

einige Knoblauchzehen
1 Bund Petersilie
1 große Dorade (ausgenommen und küchenfertig)
Olivenöl
Salz, Pfeffer
1 Zucchini
2 Auberginen
1 gelbe Paprikaschote
1 rote Paprikaschote
2 Chilischoten
2 Tomaten
Thymian, Basilikum, Oregano, Rosmarin
4 Shrimps

»Durch die tolle Motivation von Detlef in den Workouts bin ich wieder viel fitter geworden!«

Brigitte, –6 kg

Brigittes Rezept

Dorade mit mediterranem Gemüse

1. Zwei Knoblauchzehen schälen, Petersilie waschen, trocken schütteln und beides fein hacken.
2. Die Dorade säubern, mit etwas Olivenöl bestreichen und mit klein gehackter Petersilie, Knoblauch, Salz und Pfeffer füllen.
3. Ein Backblech mit Alufolie belegen, etwas Olivenöl daraufgeben und den gefüllten Fisch in die Mitte legen.
4. Das Gemüse wird geputzt, in mittelgroße Stücke geschnitten und um den Fisch herumgelegt. Restliche Knoblauchzehen mit Schale auf das Gemüse geben (die Zehen werden nach dem Garen ausgedrückt).
5. Das Gemüse mit frischen oder getrockneten Kräutern würzen und mit Olivenöl beträufeln.
6. Im vorgeheizten Backofen bei 150–180 °C ca. 1/2 Std. backen (je nach Größe des Fisches auch etwas länger). Zum Schluss die Shrimps kurz mitgaren.

Rehrücken mit Pfifferlingen

1. Für den Rehrücken die Wacholderbeeren mit Salz und Pfeffer in einem Mörser zerdrücken.

2. Das Fleisch sollte Raumtemperatur haben und nicht direkt aus dem Kühlschrank kommen. Den Rehrücken unter fließend kaltem Wasser abspülen, trocken tupfen und von Sehnen befreien.

3. Die Gewürzmischung auf dem Fleisch verteilen und einmassieren. Das Öl in einer Pfanne erhitzen, den Rosmarinzweig zugeben und das Fleisch scharf von allen Seiten jeweils 30 Sekunden anbraten.

4. Anschließend die Pfanne in das Backrohr stellen und das Fleisch bei 100 °C zehn Minuten garen.

5. In der Zwischenzeit die Pfifferlinge gründlich putzen. Zwiebel schälen, fein hacken und im Olivenöl-Butter-Gemisch glasig dünsten. Pilze zugeben. Mit Salz und Pfeffer würzen und fünf Minuten leicht braten lassen.

6. Den Rehrücken aufschneiden und mit den Pilzen servieren.

Die Zutaten

1 Rehrücken
2 Wacholderbeeren
1 Prise Salz, grober Pfeffer
2 EL neutrales Pflanzenöl
1 Zweig Rosmarin

FÜR DIE PFIFFERLINGE:
300 g Pfifferlinge
1 Zwiebel
1 EL Olivenöl
1 EL Butter
Salz, Pfeffer

Nadine
–6,5 kg!

vorher

Nadines Erfolgsgeschichte

Natürlich habe ich mir am Anfang die Frage gestellt, ob 10 Weeks BodyChange® wirklich funktionieren kann. Aber da ich mit mir und meinem Körper sehr unzufrieden war, habe ich all meinen Mut zusammengenommen und mit 10WBC begonnen. Mein Freund hat ebenfalls mitgemacht, um mich zu unterstützen.

Die ersten Tage war es schon eine Umstellung, sich in der Früh Eier zu kochen oder zu braten. Bisher hatte ich immer etwas Süßes zum Frühstück gegessen. Aber ich hatte ja ein Ziel vor Augen …

Ich war begeistert, als ab der 3. Woche der Sport hinzukam. Hoch motiviert habe ich mit den Workouts angefangen und wollte meine Leistungen dann immer weiter steigern. Das war nicht immer leicht, aber durch die Unterstützung von D! und von meinen Familienmitgliedern habe ich es geschafft, sogar mehrere Workouts hintereinander. Für jemanden, der vorher kaum Sport getrieben hat, war das ein echter Erfolg.

Dagegen war der Loadtag ein wahrer Genuss. Dem habe ich fast schon entgegengefiebert.

Ich werde auf jeden Fall weitermachen und meinem Körper damit etwas Gutes tun. Er hat es mir schließlich auch gedankt. Ich habe meinen Körper geformt, meine Kondition verbessert und mein Selbstbewusstsein gestärkt.

Danke an 10 Weeks BodyChange® & D!
Liebe Grüße Nadine

Hasenkeule mit Rotweinglasur

Die Zutaten

1 rote Zwiebel
2 EL Öl
300 ml trockener Rotwein
1 TL getrockneter Thymian
1 Prise Salz, grober schwarzer Pfeffer
1 TL Butter
2 Hasenkeulen (küchenfertig)

1. Die Zwiebel schälen, fein hacken, Öl in einen Topf geben und Zwiebel darin glasig dünsten. Mit dem Wein ablöschen, den Thymian zugeben und mit Salz und Pfeffer würzen. Den Sud einkochen lassen, bis er sich ca. halbiert hat und leicht sämig geworden ist. Dann die Butter unterrühren. Hasenkeule mit der Marinade übergießen und gut drei Stunden, am besten über Nacht, im Kühlschrank ziehen lassen.

2. Keule dann bei geringer Hitze ca. 20 Minuten langsam von beiden Seiten grillen oder in einer Pfanne braten.

3. Wer auf den Rotwein verzichten möchte, kann ihn durch den Saft von 2 Zitronen und ein Bund aus Kräutern, z. B. frischem Thymian, Rosmarin, Petersilie, ersetzen. Dabei wird dann kein Sud gekocht, sondern einfach alle Zutaten als Marinade zum Fleisch gegeben.

4

Wir ❤ Frühstück

Rezepte für einen Power-Start in den Tag!

Die Zutaten

2 Frühlingszwiebeln
3 braune Champignons
4 Kirschtomaten
2 EL weiße Bohnen (Dose oder Glas)
2 EL Olivenöl
2 EL Schinkenwürfel (roh)
4 Eier
Salz, Pfeffer, Schnittlauch

»Ihr seid echt toll und super zuverlässig – habe euch auch schon weiterempfohlen. Danke für alles!«

Andrea, –12 kg

Andreas Rezept

Omelett mit Schinken und Champignons

1. Frühlingszwiebeln waschen und in Röllchen schneiden. Champignons säubern und in Scheiben schneiden. Kirschtomaten waschen und halbieren. Bohnen im Sieb unter fließendem Wasser abspülen.

2. Öl in einer Pfanne erhitzen, Frühlingszwiebeln, Champignons, Schinkenwürfel leicht anbraten. Bohnen und Tomaten dazugeben.

3. Eier mit Salz, Pfeffer und Schnittlauch verquirlen und ebenfalls in die Pfanne geben. Alles einmal wenden.

Wir ❤ Essen!

Die Zutaten

1 Avocado
Saft einer halben Zitrone
1 TL Öl
3 Eier
Salz, Pfeffer
5 Salatblätter

Avocadoomelett

1. Die Avocado schälen, den Kern entfernen, Fleisch in Streifen schneiden und mit Zitronensaft beträufeln.
2. Eine Pfanne mit etwas Öl heiß werden lassen und die Avocadospalten hineinlegen.
3. Die Eier aufschlagen, verquirlen, salzen, pfeffern und über die Avocados in die Pfanne gießen.
4. Die Temperatur herunterdrehen und das Ei stocken lassen.
5. Das Omelett vorsichtig aus der Pfanne auf die gewaschenen Salatblätter geben und mit einem Spritzer Zitrone würzen.

Rührei mit Krabben und Schinken

Die Zutaten

3 Eier
Salz, Pfeffer
1 Packung Nordseekrabben
1 EL Zitronensaft
2 Scheiben Kochschinken
½ Zwiebel
1 TL Öl
¼ Bund Schnittlauch

1. Die Eier aufschlagen und verquirlen, mit Salz und Pfeffer würzen.
2. Die Krabben aus der Packung nehmen und in einem Sieb unter fließend kaltem Wasser abbrausen, abtropfen lassen und anschließend mit dem Zitronensaft beträufeln.
3. Den Schinken in Streifen schneiden. Die Zwiebel schälen und klein hacken. Die Pfanne mit dem Öl erhitzen und zuerst den Schinken in die Pfanne geben, kurz anbraten. Anschließend den Schinken an den Pfannenrand schieben und die Zwiebeln zugeben, glasig werden lassen und auch an den Rand der Pfanne, zu dem Schinken, schieben.
4. Die Eier zugeben und fächerartig zusammenschieben, sodass das Ei langsam stockt. Das Ei ebenfalls an den Rand der Pfanne schieben (neben den Schinken) und die Krabben in die Pfanne geben. Kurz umrühren und dann alles in der Pfanne zusammenschieben und vorsichtig rühren und weiterbraten, bis das Ei vollständig gestockt ist. Schnittlauch waschen, trocken schütteln, hacken, über Rührei streuen.

Die Zutaten

8 Eier
Salz, Pfeffer, Chiliflocken
1 Glas weiße Bohnen
1 EL Butter
12 Scheiben roher Schinken
frische Petersilie

Tipp

Wer es gerne saftiger mag, kann gehackte Paprika oder Brokkoliröschen dazugeben.

Eiermuffins

1. Die Eier aufschlagen und verquirlen. Mit Salz, Pfeffer und Chiliflocken kräftig würzen.
2. Bohnen in ein Sieb geben und unter kaltem Wasser gut abspülen.
3. Muffinbackform mit Papierförmchen bestücken oder gut mit Butter einfetten. Jedes Förmchen mit je einer Scheibe Schinken auslegen.
4. Einen Esslöffel Bohnen in jede Form geben, die Eimasse auf die Förmchen verteilen. Petersilie waschen, trocken schütteln, hacken, etwas davon in jede Form geben.
5. Im vorgeheizten Backofen ca. 15–20 Minuten bei 180 °C backen, bis die Muffins fest sind.

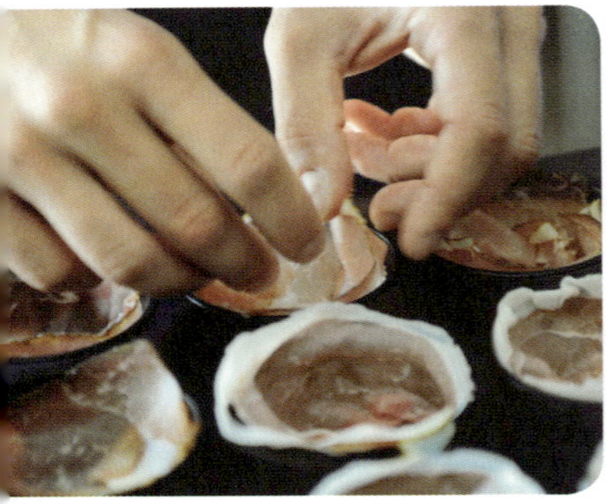

Paolas Rezept

Eier mit Schinkenspeck, Rucola und Tomaten

1. Tomaten waschen und halbieren. Schinkenspeck klein schneiden. Rucola waschen, trocken schütteln.
2. Eier aufschlagen, verquirlen und mit Salz und Pfeffer würzen.
3. Schinkenspeck in einer Pfanne anbraten. Wenn der Schinken knusprig ist, die vier verquirlten Eier hinzugeben und gut umrühren.
4. Wenn das Ei gestockt ist, die Pfanne vom Herd nehmen und die Hälfte des Rucola unterheben.
5. Das Ei mit der anderen Hälfte des Rucola und den halbierten Tomaten auf einem Teller anrichten.

Die Zutaten

8 Cocktailtomaten
150 g Schinkenspeck
½ Bund Rucola
4 Eier
Salz, Pfeffer

Bayerisches Frühstück

1. Zwiebel schälen und fein würfeln. Etwas Butterschmalz in einer Pfanne schmelzen. Zwiebel dazugeben und andünsten.
2. Zwiebel auf einen Teller geben.
3. Wieder etwas Fett in der Pfanne schmelzen und den Leberkäse darin von beiden Seiten gut anbraten.
4. Leberkäse zu den Zwiebeln auf den Teller geben.
5. Zum Schluss die zwei Eier in die Pfanne schlagen. Mit Salz, Pfeffer und Chiliflocken würzen.
6. Spiegeleier ebenfalls auf den Teller geben, alles mit Senf, Radieschenscheiben und frischem Schnittlauch anrichten.

Die Zutaten

1 Zwiebel
Butterschmalz
2 Scheiben Leberkäse (Bio-Qualität)
2 Eier
Salz, Pfeffer
½ TL Chiliflocken
1 TL Senf
6 Radieschen
Schnittlauch

Anjas Rezept

Mandelbrot

»Mein Geheimtipp: eine Handvoll Nüsse und ein Turbotee gleich nach dem Aufstehen. So starte ich super in den Tag.«

Anja, –13 kg

1. Die Eier trennen. Eiweiß mit einer Prise Salz steif schlagen.
2. Das Eigelb mit der geschmolzenen Butter, dem restlichen Salz und Natron schaumig schlagen, die gemahlenen Mandeln unterrühren. Das Eiweiß unterheben und alles zu einer homogenen Masse rühren. Den Teig in eine mit Backpapier ausgelegte Kastenform füllen.
3. Das Brot im vorgeheizten Backofen bei 170 °C auf mittlerer Schiene 50 Minuten backen.

Die Zutaten

4 Eier
½ TL Salz
100 g geschmolzene Butter
½ TL Natron
200 g gemahlene Mandeln

Anja
–13 kg !

Anjas Erfolgsgeschichte

Nach der vierten Schwangerschaft hatte ich einfach 25 kg zu viel Gewicht und fühlte mich sehr unwohl in meiner Haut. Aber was sollte ich machen? Vier Kinder, kochen und Haushalt – da bleibt keine Zeit für Ausdauersport oder Fitnessstudio. Auch Kalorien zählen oder Essen abwiegen funktioniert bei einer sechsköpfigen Familie nicht wirklich.

Dann habe ich beschlossen, mit dem Programm 10 Weeks BodyChange® zu starten. Das war die beste Entscheidung meines Lebens. Auf einmal hatte ich als Hausfrau einen Personal Coach – und das war kein Geringerer als Detlef D! Soost. Das war echt verrückt. Es war fast, als wäre er mehrmals die Woche vorbeigekommen, hätte mit mir trainiert, lecker gekocht und mich immer wieder motiviert.

Ich ernähre mich seitdem viel bewusster und meine Familie profitiert von den vielen köstlichen Rezepten. Außerdem sprühe ich jetzt vor Energie, brauche weniger Schlaf und fühle mich wieder rundum wohl. Und auch meine Kinder lieben ihre neue Mami!

Liebe Grüße,
Anja

vorher

Bauernfrühstück

1. Zwiebel schälen und fein hacken. Pilze putzen und in Scheiben schneiden.

2. Etwas Öl in eine heiße Pfanne geben. Den Kochschinken darin anbraten und danach herausnehmen. In dieser Pfanne die Zwiebel und die Pilze anbraten.

3. Die Eier aufschlagen, mit Salz und Pfeffer verquirlen, über die Pilze in die Pfanne geben und stocken lassen (Temperatur herunterdrehen).

4. Das fertige Omelett mit dem Kochschinken und Schnittlauchhalmen anrichten.

Die Zutaten

1 kleine Zwiebel
5 Champignons
1 EL Öl
3 Scheiben Kochschinken
3 Eier
Salz, Pfeffer
Schnittlauch

Die Zutaten

4 Eier
2 EL gemahlene Mandeln
1 TL weiche Butter
1 TL Zimt
3 EL Mineralwasser mit Kohlensäure
1 EL Butter (zum Ausbacken)

Zimtpfannkuchen

1. Die Eier aufschlagen und mit den gemahlenen Mandeln, dem Teelöffel weicher Butter und dem Zimt verrühren. Das Mineralwasser unterrühren.

2. Eine Pfanne erhitzen, Butter hineingeben und vier Pfannkuchen ausbacken. Warm servieren.

Anika –10 kg !

»Nur 20 Minuten Training zweimal pro Woche – das schaffe ich sogar mit vier Kindern!«

vorher

Die Zutaten

250 g getrocknete Kichererbsen
1 Zwiebel
1 Bund Petersilie
3 Eier
Salz, Pfeffer, Kreuzkümmel

Tipp

Das Brot hält sich etwa 1 Woche bis 10 Tage im Kühlschrank. Frisch oder getoastet schmeckt es am besten.

Anikas Rezept

Kichererbsenbrot

1. Kichererbsen 12 Stunden in Wasser einweichen. Danach in ein Sieb abgießen, abtropfen lassen und mit der Küchenmaschine oder dem Fleischwolf sehr fein mahlen.

2. Zwiebel schälen, Petersilie waschen und trocken schütteln. Beides fein hacken und mit den Kichererbsen und den Eiern gut mischen. Mit Salz, Pfeffer und Kreuzkümmel würzen.

3. Eine Kastenform einfetten und die Masse hineingeben. Im vorgeheizten Backofen bei 200 °C ca. 50 Minuten backen. Herausnehmen und gleich aus der Form lösen.

5

Erbsen, Bohnen, Linsen

Raffinierte Hülsenfrüchte!

CRODINO

Dicke-Bohnen-Salat

Tipp

Wenn es einmal schnell gehen muss, kann man auch große weiße Bohnen aus der Dose nehmen.

1. Getrocknete Bohnen über Nacht in Wasser einweichen. Anschließend in einen Topf geben, mit Wasser bedecken und mindestens 1 Stunde weich kochen. In ein Sieb geben, abtropfen und abkühlen lassen.

2. Die Paprika- und die Chilischote waschen, Kerne entfernen und Fruchtfleisch würfeln.

3. Zwiebel und Knoblauch schälen, Zwiebel in Ringe schneiden, Knoblauch würfeln. Frühlingszwiebel waschen und in Röllchen schneiden.

4. Thunfisch abtropfen lassen, in mundgerechte Stücke zerpflücken und mit Bohnen, Paprika, Chili, Zwiebel, Knoblauch, Essig, Salz und dem Olivenöl in einer Schüssel vermischen.

5. Petersilie waschen, Blättchen abzupfen und mit Kapern unter den Salat mischen. Das Ganze etwa 20 Minuten ziehen lassen. Vor dem Servieren mit reichlich Pfeffer bestreuen.

Die Zutaten

100 g weiße Bohnen
1 Paprikaschote
½ Chilischote
½ rote Zwiebel
½ Knoblauchzehe
1 Frühlingszwiebel
1 Dose Thunfisch
2 EL weißer Balsamico-Essig
Salz
3 EL Olivenöl
1 Zweig Petersilie
½ EL Kapern
Pfeffer aus der Mühle

Kornelias Rezept

Erbseneintopf

Die Zutaten

1–2 Zwiebeln
100 g Knollensellerie
100 g Karotten
1 Stange Lauch
100 g Speck (geräucherter Bauchspeck)
20 g Butter
2 l Wasser
500 g Erbsen (getrocknete Schälerbsen)
8 TL Gemüsebrühe
1 TL Majoran
Salz, Pfeffer
2 Stängel Petersilie

1. Zwiebeln, Sellerie und Karotten schälen und klein schneiden. Lauch waschen und in Ringe schneiden. Speck würfeln.
2. Butter im Topf bei niedriger Stufe schmelzen lassen. Speck dazugeben und leicht auslassen. Zwiebel dazugeben und glasig dünsten.
3. Karotten, Sellerie und Lauch hinzugeben. Temperatur hochdrehen. Alles kurz andünsten und anschließend mit einem Liter Wasser ablöschen.
4. Erbsen hinzufügen und mit dem restlichen Wasser zum Kochen bringen. Gemüsebrühe und Majoran zufügen, bei niedriger Stufe köcheln lassen (60–120 Minuten je nach gewünschter Sämigkeit). Umrühren nicht vergessen.
5. Mit Salz und Pfeffer abschmecken und mit Petersilie anrichten.

Linsensalat

Die Zutaten

250 ml Gemüsebrühe
1 Tasse getrocknete Linsen
2 Chicorée
½ kleiner Radicchio
1 Karotte
½ Zwiebel
½ Chilischote
2 Champignons
2 Zweige Petersilie
2 EL Haselnussöl
2 EL Kräuteressig
Salz, Pfeffer

1. Die Gemüsebrühe zum Kochen bringen und darin die Linsen ca. 45 Minuten weich kochen, anschließend durch Sieb abgießen.
2. Den Chicorée und den Radicchio putzen und waschen.
3. Den Radicchio in Streifen schneiden. Den Chicorée Blatt für Blatt auseinandernehmen.
4. Das restliche Gemüse putzen und in Scheiben schneiden. Petersilie waschen, trocken schütteln und hacken.
5. Alles bis auf den Chicorée miteinander vermischen, mit Öl, Essig, Salz und Pfeffer würzen. Mischung auf den Chicorée-Blättern verteilen.

Tipp

Die Chicorée-Blätter kann man auch als Löffel zum Salatessen verwenden.

Linsensuppe

1. Die Zwiebel schälen und fein hacken.
2. Das Olivenöl in einen Topf geben, erhitzen, die in Scheiben geschnittene Mettwurst und die gehackte Zwiebel darin andünsten (nicht braun werden lassen).
3. Lauch waschen und in Ringe schneiden. Karotten und Sellerie schälen und fein würfeln. Petersilie waschen, trocken schütteln, hacken. Lauch, Karotte und Sellerie zu den Zwiebeln geben, kurz andünsten und anschließend mit der Brühe ablöschen.
4. Die Gemüsebrühe zum Kochen bringen und die gewaschenen Linsen dazugeben. Das Ganze mindestens 40 Minuten köcheln lassen.
5. Mit Salz und Pfeffer würzen. Wer es säuerlich mag, kann etwas Kräuteressig zufügen.
6. Mit Petersilie bestreut servieren.

Die Zutaten

1 Zwiebel
1 EL Olivenöl
1 Mettwurst (ca. 300 g)
1 Stange Lauch
2 große Karotten
½ Knolle Sellerie
½ Bund Petersilie
1 ½ l Gemüsebrühe
250 g getrocknete Tellerlinsen
½ TL Salz, Pfeffer
2 EL Kräuteressig

Feines Erbsensüppchen mit Lachs

Die Zutaten

1 Zwiebel
1 Knoblauchzehe
½ Chilischote
1 EL Olivenöl
500 ml Gemüsebrühe
250 g Erbsen (tiefgekühlt)
½ Zitrone
Salz, Pfeffer
1 EL Butter
2 Lachsfilets
½ Packung Kressesprossen

1. Zwiebel und Knoblauch schälen und fein hacken. Chilischote waschen, Kerne entfernen und ebenfalls fein hacken.
2. Das Öl in einem Topf erhitzen und die gehackte Zwiebel und den Knoblauch darin glasig dünsten.
3. Die Chilischote zugeben und alles mit der Gemüsebrühe ablöschen. Die tiefgekühlten Erbsen hineingeben und die Suppe 12 Minuten köcheln lassen.
4. Mit einem Zauberstab die Suppe pürieren und mit Zitronensaft, Salz und Pfeffer abschmecken.
5. Einen Esslöffel kalte Butter einrühren und nochmals mit dem Zauberstab cremig aufschlagen.
6. Den Lachs säubern, kalt abspülen und in 3 x 3 cm große Würfel schneiden. Die Suppe auf niedriger Temperatur auf dem Herd belassen, den Lachs hineingeben und fünf Minuten gar ziehen lassen. Mit frischer Kresse bestreut servieren.

Susanne –10 kg !

»Jede Woche habe ich mich auf die neuen Kochvideos mit Detlef gefreut. Und das Beste: Ich durfte mich bei jeder Mahlzeit so richtig schön satt essen!«

Tinas Rezept

Feuertopf

1. Edelsalami in kleine Würfel, Peperoni-Salami in grobe Streifen und Geflügelwiener in ca. 1 cm breite Scheiben schneiden. Alles in einem großen Topf in etwas Olivenöl bei mittlerer Hitze anbraten.

2. Karotte schälen, klein würfeln und in Topf geben. Kidneybohnen im Sieb unter laufendem Wasser abspülen und dazufügen.

3. Je nach Belieben 2–3 Handvoll Tiefkühlerbsen dazugeben. Abgedeckt ca. 15 Minuten bei mittlerer Hitze garen (mehrmals umrühren).

4. Mit Brühe ablöschen und Tomatenmark einrühren. Chilischote(n) im Mixer fein hacken und zugeben.

5. Mit italienischen Kräutern würzen und noch ca. 15 Minuten köcheln lassen.

Die Zutaten

1 Stück Edelsalami (ca. 120 g)
30 g hauchdünne Peperoni-Salami-Scheiben
2 Geflügelwiener
1 TL Olivenöl
1 große Karotte
1 Dose Kidneybohnen
2–3 Handvoll Erbsen (tiefgekühlt)
1 l Gemüsebrühe
2 Döschen Tomatenmark (à 70 g)
1–2 getrocknete Chilischote(n) (je ca. 5 cm)
italienische Kräuter (getrocknet)

Die Zutaten

1 Dose Kidneybohnen
1 Dose dicke weiße Bohnen
1 l Gemüsebrühe
150 g frische grüne Brechbohnen
1 Bund Petersilie
Salz, Pfeffer

Tipp

Bohnen immer ohne Salz kochen, so werden sie schneller weich.

Bohneneintopf

1. Dosenbohnen in ein Sieb abgießen, mit kaltem Wasser abspülen, abtropfen lassen.
2. Die Gemüsebrühe in einen Topf geben und aufkochen.
3. Die grünen Brechbohnen waschen, putzen und halbieren. Petersilie waschen, trocken schütteln und hacken.
4. Die grünen Bohnen in den Topf geben, Brühe aufkochen lassen, die Dosenbohnen zufügen und alles so lange (etwa 10 Minuten) köcheln lassen, bis die Brechbohnen bissfest sind.
5. Mit Salz und Pfeffer abschmecken und Petersilie darüberstreuen.

Currylinsen mit gebratenen Shrimps

1. Den Mangold putzen. Dazu die Stiele vom Blattgrün trennen und alles gründlich waschen. Dann die Stiele in schmale Streifen schneiden. Die Blätter jeweils längs halbieren.

2. Paprikaschote waschen, Kerngehäuse entfernen und Paprika fein würfeln.

3. Zwiebel, Knoblauch und Ingwer schälen und fein hacken. Mangold, Zwiebel, Knoblauch und Paprikawürfel in Olivenöl anschwitzen und mit Rinderbrühe aufgießen.

4. Die gelben Linsen, Kurkuma, Currypulver und Ingwer dazugeben und das Ganze 10 Minuten leicht köcheln lassen, bis die Linsen gar sind. Mit Salz und Pfeffer würzen.

5. Die Schale und den Darm der Shrimps entfernen und die Shrimps unter fließendem Wasser abwaschen, anschließend mit Limettensaft beträufeln, salzen und pfeffern.

6. In einer Pfanne die Shrimps scharf anbraten. Linsenmischung auf einen Teller geben, Shrimps darauf anrichten und das Ganze mit frischem Koriander dekorieren.

Die Zutaten

4–5 Blätter frischer Mangold
½ rote Paprikaschote
1 kleine Zwiebel
1 Knoblauchzehe
1 cm frischer Ingwer
1 EL Olivenöl
150–200 ml Rinderbrühe (Bio-Qualität ohne Glutamat und Hefeextrakt)
2 EL gelbe Linsen
Kurkuma, gelbes Currypulver mild
Salz und Pfeffer
150 g Shrimps (frisch oder tiefgekühlt)
Limettensaft
frischer Koriander

BodyChange® hilft dir dabei, die richtigen Entscheidungen zu treffen!

Vegetarische Linsenbulette

Die Zutaten

100 g Tellerlinsen
1 kleine Zwiebel
½ Chilischote
1 TL gehackte Petersilie
1 kleine Karotte
1 Stange Sellerie
1 Ei
1 TL Senf
Salz und Pfeffer
3 EL Olivenöl

1. Die Tellerlinsen in ausreichend Wasser weich kochen und in einem Sieb abtropfen und abkühlen lassen.

2. Die Zwiebel schälen und fein hacken. Chilischote waschen, entkernen und die Hälfte fein würfeln. Petersilienzweig waschen, trocken schütteln und hacken. Karotte schälen, Sellerie waschen und beides sehr fein würfeln. Das Gemüse mit Ei, Senf, Petersilie, Salz und Pfeffer vermengen.

3. Die abgekühlten Linsen nochmals fest im Sieb ausdrücken, dann zur Gemüsemischung geben und alles gut vermengen. Flache Buletten daraus formen und diese in einer Pfanne mit Olivenöl bei mittlerer Hitze ausbacken.

4. Wenn die Bratseite schön angebräunt ist, Buletten wenden. Möglichst nur einmal wenden, da sie sonst zerfallen können.

Die Zutaten

1 große Zwiebel
2 große Knoblauchzehen
1 Glas weiße Bohnen
200 g Blattspinat (tiefgekühlt oder frisch)
3 Eier
Salz, Pfeffer
Leinöl

Bohnen-Spinat-Küchlein

1. Zwiebel und Knoblauch schälen und fein würfeln.
2. Bohnen, Spinat, Eier, Zwiebel und Knoblauch vermischen, mit Salz und Pfeffer würzen und Fladen daraus formen.
3. Leinöl in Pfanne erhitzen und die Küchlein in der Pfanne von beiden Seiten goldgelb ausbacken.

6

Vitamine pur!

Gemüse in leckeren Variationen

Gemüsesticks mit Spinatdip

1. Gurke, Paprikaschote und Selleriestangen waschen. Paprika, halbieren und Kerne entfernen. Karotten schälen. Alles in Streifen schneiden und als Gemüsesticks in einer Schale anrichten.

2. Zwiebel und Knoblauch schälen und fein hacken.

3. Die Butter in einen Topf geben, Zwiebel und Knoblauch darin glasig dünsten. Den Spinat zugeben und alles köcheln lassen. Mit Salz, Pfeffer und Zitronensaft würzen.

4. Sobald die Flüssigkeit komplett verdampft ist, den Topf vom Herd nehmen, das Eigelb hinzugeben und den Spinat mit dem Zauberstab pürieren.

5. Dip nochmals auf dem Herd erhitzen, aber nicht mehr kochen lassen. Abschmecken und in Schälchen füllen.

Tipp

Wer es gern schärfer mag, kann dem Dip eine klein gehackte halbe Chilischote beifügen.

Die Zutaten

½ Gurke
1 rote Paprikaschote
2 Stangen Sellerie
2 Karotten
1 kleine Zwiebel
1 kleine Knoblauchzehe
1 TL Butter
200 g Blattspinat (tiefgekühlt)
Salz, Pfeffer
1 TL Zitronensaft
1 Eigelb

Die Zutaten

2 Kohlrabis
1 kleine Tomate
½ Stange Sellerie
¼ Chilischote
1 kleine Zwiebel
½ Knoblauchzehe
Salz, Pfeffer
1 Zweig Thymian
1 EL Olivenöl

Tipp

Passt wunderbar als Beilage zu Geflügel.

Gefüllte Kohlrabi

1. Die Kohlrabis schälen und mit einem Melonenausstecher aushöhlen.

2. Die Tomate waschen, halbieren, Kerne entfernen, dann Fruchtfleisch würfeln. Sellerie waschen und in kleine Stücke schneiden. Chilischote waschen, entkernen und Chili fein würfeln. Zwiebel und Knoblauch schälen und ebenfalls fein würfeln.

3. Das Gemüse vermengen, Salz, Pfeffer, frischen gehackten Thymian und Olivenöl zufügen.

4. Die Mischung in die Kohlrabi füllen und mit Olivenöl bestreichen. Bei 170 °C im Backofen 30 Minuten backen.

Es geht nicht darum, wenig zu essen, sondern das Richtige!

Cocos Rezept

Blumenkohlsteak

»Mein Geheimtipp: Bevor ihr andere Diäten ausprobiert, fangt lieber gleich mit 10WBC an. Es ist das Beste, was mir passieren konnte.«

Coco, –25 kg

Die Zutaten

1 Zucchini
2 Tomaten
1 Paprikaschote
1 Zwiebel
2 Knoblauchzehen
Salz, Pfeffer
Thymian, Petersilie, Rosmarin
Olivenöl
1 frischer Blumenkohl
etwas Parmesan

1. Zucchini, Tomaten und Paprikaschote waschen. Paprika aufschneiden und Kerngehäuse entfernen. Alles klein schneiden und in eine Schüssel geben.
2. Zwiebel und Knoblauch schälen, klein würfeln und ebenfalls in die Schüssel geben. Mit Salz, Pfeffer, Kräutern und etwas Olivenöl würzen. Gut vermischen, Schüssel zudecken und alles etwas ziehen lassen.
3. Anschließend eine Pfanne erhitzen und die Gemüsemischung darin andünsten, bis sie schön heiß ist.
4. Zwischenzeitlich den Blumenkohl säubern und anschließend am Strunk entlang in Scheiben schneiden, sodass die Stücke wie kleine Bäumchen aussehen. Die Blumenkohlscheiben auf ein Backblech legen, mit etwas Olivenöl beträufeln, Salz, Pfeffer und Parmesan darübergeben. Bei 200 °C im Backofen backen, bis sie gebräunt sind.
5. Blumenkohlsteaks auf Tellern anrichten und Gemüsemischung dazugeben.

Brokkolisalat

1. Tomate waschen und in kleine Würfel schneiden. Brokkoli putzen, waschen und zerteilen.
2. Die Gemüsebrühe in einem Topf zum Kochen bringen und den Brokkoli darin zwei Minuten bissfest kochen.
3. Das Haselnussöl in einer Pfanne erhitzen, den abgetropften Brokkoli darin schwenken und leicht bräunen lassen.
4. Die Mandeln dazugeben und mit dem Kräuteressig ablöschen, mit Salz und Pfeffer abschmecken.
5. Brokkoli mit den Tomatenwürfeln auf Tellern anrichten.

Die Zutaten

1 Tomate
1 Brokkoli
500 ml Gemüsebrühe
2 EL Haselnussöl
50 g Mandeln
2 EL Kräuteressig
Salz, Pfeffer

Die Zutaten

1 rote Paprikaschote
1 gelbe Paprikaschote
1 grüne Paprikaschote
1 Zucchini
1 Strauchtomate
3 EL Olivenöl
3 Zweige frischer Thymian
1 Zwiebel
1 Knoblauchzehe
1 Chilischote
Salz, Pfeffer

Ratatouille

1. Paprikaschoten waschen, entkernen und in Streifen schneiden. Zucchini waschen und in Scheiben schneiden. Tomate waschen und vierteln.

2. Das Öl in einer Pfanne erhitzen und zwei Zweige Thymian dazugeben. Gemüse nach Sorten getrennt nach und nach im Öl von allen Seiten anbraten und dann in eine Schüssel geben.

3. Zwiebel und Knoblauch schälen und fein hacken. Chilischote waschen, Kerne entfernen und Chili ebenfalls fein hacken. Nachdem das ganze Gemüse angebraten ist, Zwiebel, Knoblauch und Chili anbraten. Bei Bedarf noch etwas Öl dazugeben.

4. Mit Salz und Pfeffer würzen und diese Mischung mit den Blättern des verbliebenen Thymianzweigs in die Schüssel zu dem Gemüse geben. Alles gut vermengen und eventuell mit Salz und Pfeffer nachwürzen.

Inas Rezept

Mediterrane Gemüsepfanne

Die Zutaten

1 Zucchini
2 Tomaten
½ Fenchel
1 Paprikaschote
1 Zwiebel
1 Knoblauchzehe
½ Chilischote
3 getrocknete Tomaten in Öl
1 Zweig Rosmarin
1 Zweig Thymian
Salz, Pfeffer
3 EL Olivenöl
3 EL Balsamico-Essig

1. Zucchini, Tomaten und Fenchel waschen. Paprikaschote waschen und Kerngehäuse entfernen. Zwiebel schälen. Alles in etwa gleich große Stücke schneiden und in eine Auflaufform geben.

2. Knoblauch schälen und fein hacken. Chilischote waschen, Kerne entfernen und Chili ebenfalls fein hacken. Die getrockneten Tomaten klein würfeln. Alles über das Gemüse geben. Den Rosmarin- und den Thymianzweig darauflegen, salzen, pfeffern.

3. Olivenöl und Balsamico-Essig darüberträufeln und im Ofen 20 Minuten bei 170 °C braten. Dabei 2–3-mal umrühren.

Ina
–22 kg!

»Die Reaktionen aus meinem Umfeld sind einfach toll. Ich bin so froh, dass ich euch gefunden habe!«

Inas Erfolgsgeschichte

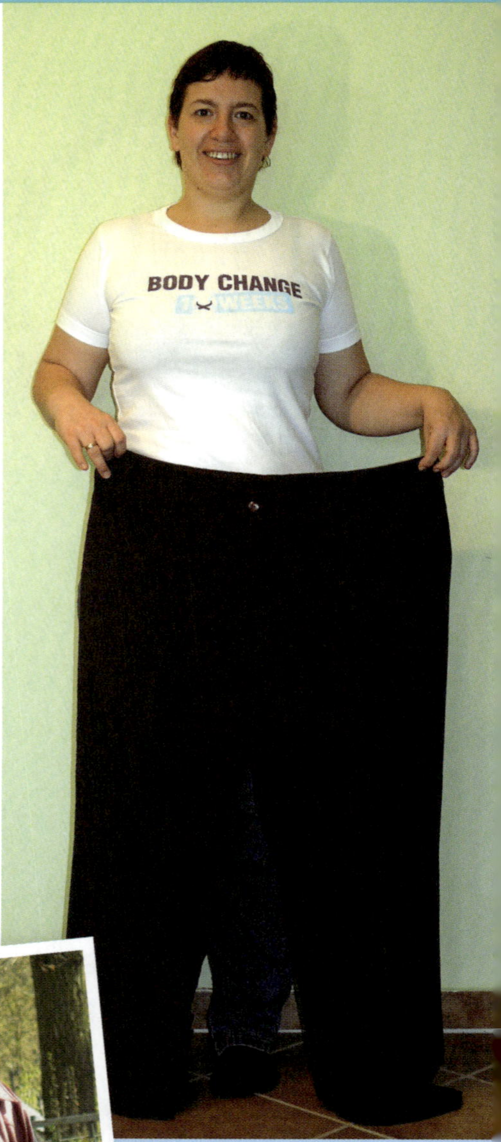

Ich möchte mich auf diesem Weg dafür bedanken, dass es so ein tolles Programm wie 10WBC gibt.

Vor knapp einem halben Jahr habe ich damit angefangen und inzwischen habe ich bereits 22 Kilogramm verloren. Der Erfolg ist Wahnsinn und ich habe ein ganz neues Lebensgefühl bekommen dank euch und auch vor allem dank dir, Detlef … Wenn ich die Möglichkeit hätte, würde ich mich persönlich bei dir bedanken.

Die Reaktionen aus meinem Umfeld sind einfach toll. Und ich erzähle allen, dass es überhaupt nicht schwer war bisher und dass es wirklich jeder schaffen kann.

Ich bin so froh, dass ich euch gefunden habe! Ich bin echt glücklich und würde immer wieder damit loslegen.

Vielen, vielen Dank,
Eure Ina

vorher

Sellerieschnitzel mit Wirsing

1. Den Sellerie schälen und aus der Mitte zwei Scheiben (ca. 1 cm dick) schneiden.

2. Einen Esslöffel Öl in einer Pfanne erhitzen und die Selleriescheiben von beiden Seiten anbraten. Mit der Gemüsebrühe ablöschen und so lange köcheln lassen, bis die Flüssigkeit verdampft ist. Mit Salz, Pfeffer und Zitronensaft würzen.

3. Den Wirsing in Streifen schneiden und in einem Sieb waschen. Chilischote waschen, Kerngehäuse entfernen und Chili klein hacken. Wirsingstreifen und Chili in einer großen Pfanne mit zwei Esslöffeln Öl andünsten und zusammenfallen lassen. Mit Salz und Pfeffer würzen. Zum Schluss die gewaschene und gehackte Petersilie unterheben. Mit dem Sellerie anrichten.

Die Zutaten

1 Knollensellerie
3 EL Olivenöl
100 ml Gemüsebrühe
Salz, Pfeffer
1 Spritzer Zitronensaft
¼ Wirsing
½ Chilischote
½ Bund Petersilie

Slavkas Rezept

Auberginensalat

Die Zutaten

6 Auberginen
4 Tomaten
1 rote Paprikaschote
1 Zwiebel
2 Knoblauchzehen
Butter
scharfes Paprikapulver
Salz, Pfeffer
frische Petersilie

1. Auberginen waschen, vierteln, mit dem Messer jeweils 2 x durchstechen und im vorgeheizten Backofen bei 250 °C ca. 30–40 Minuten backen. Einmal wenden.

2. Wenn die Auberginen auf Fingerdruck nachgeben, herausnehmen und abkühlen lassen.

3. Tomaten waschen, kreuzförmig einschneiden und ca. 1 Minute in kochendes Wasser geben. Tomaten anschließend von Haut und Kernen befreien und in Würfel schneiden.

❹ Paprikaschote waschen, aufschneiden, Kerngehäuse entfernen und Paprika in feine Streifen schneiden. Zwiebeln und Knoblauch schälen und ebenfalls in Streifen schneiden.

❺ Die abgekühlten Auberginen schälen und anschließend in etwa 1 cm breite Streifen schneiden.

❻ Zwiebeln, Knoblauch und Paprika in etwas Butter anschwitzen, mit scharfem Paprikapulver, Salz und Pfeffer würzen. Anschließend die gewürfelten Tomaten hinzufügen und einige Minuten kochen lassen.

❼ Auberginen dazugeben, abschmecken und auf kleiner Flamme ca. 5 Minuten köcheln lassen. Mit gewaschener, gehackter Petersilie garnieren und warm servieren.

Mangold-Pilz-Pfanne

1. Die Zwiebel schälen, fein würfeln und mit dem in Streifen geschnittenen Schinken in einer Pfanne mit einem Esslöffel Öl anbraten, anschließend zur Seite stellen.

2. Den Mangold waschen und in Streifen schneiden.

3. In der Pfanne einen Esslöffel Öl und Butter erwärmen und zuerst den hellen Teil des Mangolds hineingeben und anbraten. Nach drei Minuten mit der Gemüsebrühe ablöschen und köcheln lassen. Sobald die Flüssigkeit verdampft ist, die restlichen grünen Teile des Mangolds in die Pfanne geben und kurz schwenken.

4. Nun die geputzten und in Scheiben geschnittenen Pilze dazugeben und weiterbraten, bis die Champignons ihre Flüssigkeit verloren haben. Zum Schluss die Zwiebel-Schinken-Mischung unterheben und alles mit Salz und Pfeffer abschmecken.

Die Zutaten

1 kleine Zwiebel
100 g Kochschinken
2 EL Olivenöl
1 Mangold
1 EL Butter
50 ml Gemüsebrühe
250 g große Champignons
Salz, Pfeffer

Zucchiniquiche

Die Zutaten

1 TL Butter
1 Zucchini
6 Eier
Salz, Pfeffer
100 g Kochschinken
1 kleine Zwiebel
60 g Erbsen (tiefgekühlt)
250 g Feldsalat

1. Eine Kuchenform mit Butter ausstreichen. Die Zucchini waschen, in Streifen schneiden und die Kuchenform damit auskleiden.

2. Die Eier aufschlagen, verquirlen, mit Salz und Pfeffer würzen. Schinken klein schneiden, Zwiebel schälen und hacken und alles unter die Eier geben. Die noch tiefgekühlten Erbsen zufügen. Die Eimasse in die Form füllen und 25 Minuten bei 150 °C im Ofen backen, bis die Oberfläche schön goldbraun ist.

3. Mit Feldsalat servieren.

7

Sättigung durch Beilage

Die perfekte Begleitung für Fleisch und Fisch

bjorkvin

Falafel

1. Die Kichererbsen über Nacht einweichen (mind. 12 Stunden).

2. Dann Kichererbsen in einem Sieb unter fließend kaltem Wasser abspülen, kurz abtropfen lassen und in eine Küchenmaschine geben. Mit dem Hackmesser der Maschine mindestens 1 Minute zerkleinern.

3. Zwiebeln und Knoblauch schälen und grob hacken. Chilischote waschen und Kerne entfernen. Petersilie waschen, trocken schütteln. Alles in die Küchenmaschine geben und ebenfalls zerkleinern.

4. Den Saft von einer Zitrone sowie Salz, Pfeffer, Koriander und Kreuzkümmel zur Masse geben und nochmals mixen, bis ein Teig entsteht.

5. Bällchen formen und bei 180 °C 15 Minuten im Ofen backen, bis sie goldbraun sind.

Die Zutaten

200 g getrocknete Kichererbsen
2 kleine Zwiebeln
1 Knoblauchzehe
¼ Chilischote
3 Zweige Petersilie
1 Zitrone
1 große Prise Salz, Pfeffer
je eine Prise gemahlener Koriander, Kreuzkümmel

Kürbis-Wedges

❶ Den Kürbis in Spalten schneiden und das Kerngehäuse entfernen.

❷ Chilischote waschen, entkernen und fein hacken, mit Öl vermischen und Kürbis damit bestreichen.

❸ Kürbisspalten auf einem Backblech verteilen, Knoblauch schälen, hacken und über Spalten verteilen. Mit Salz und Pfeffer würzen und im Backofen bei 150 °C 12 bis 15 Minuten backen, bis die Spitzen anfangen, braun zu werden.

Die Zutaten

½ Hokkaido-Kürbis
½ Chilischote
2 EL Olivenöl
2 Knoblauchzehen
1 Prise Meersalz und frisch gemahlener Pfeffer

Nico –10 kg !

»Ich bekomme jede Menge positive Rückmeldungen aus meinem Umfeld.
Meine Freunde sind neidisch und die Mädels finden es super!«

Die Zutaten

3 Schalotten
50 g Ingwer
½ Kopf Rotkohl
Butterschmalz
50 g Erdnüsse
Salz, schwarzer Pfeffer aus der Mühle

Gebratener Rotkohl

1. Schalotten schälen und fein würfeln. Ingwer schälen und in dünne Scheiben schneiden.
2. Rotkohl putzen, Strunk entfernen und die Blätter in feinste Streifen schneiden.
3. Rotkohl in einem großen Topf oder Bräter in etwas Butterschmalz langsam andünsten, dabei öfter umrühren. Anschließend aus dem Bräter nehmen und zur Seite stellen.
4. Erdnüsse, Ingwer und Schalotten bei mittlerer Hitze im Bräter anschwitzen, Rotkohl wieder dazugeben, durchschwenken, mit Salz und Pfeffer würzen und servieren.

Karotten-reibekuchen

1. Die Karotten waschen, putzen und fein raspeln.
2. Das Ei aufschlagen, mit den Gewürzen und einem Spritzer Zitronensaft verquirlen.
3. Die Eimasse mit den Karotten gut vermischen.
4. Eine Pfanne mit etwas Öl erhitzen und mit zwei Löffeln aus der Karotten-Ei-Masse kleine Puffer ausstechen und diese von beiden Seiten in der Pfanne goldbraun backen.
5. Puffer aus der Pfanne nehmen und auf Küchenkrepp legen, damit das überschüssige Öl aufgenommen wird. Auf einem Teller anrichten und mit Zitrone garnieren.

Die Zutaten

3 Karotten
1 Ei
1 Prise Salz, Pfeffer, Muskat
½ Zitrone
2 EL Öl

BodyChange®-Workouts:

1. Motivieren lassen
2. Mitmachen
3. Sexy aussehen!

Ginas Rezept

Kohlrabi-bratkartoffeln

Die Zutaten

1 Kohlrabi
1 Zwiebel
2 EL Butterschmalz
50 g Speck/Schinken
Salz, Pfeffer

1. Kohlrabi schälen und in dünne Scheiben schneiden. Zwiebel schälen und in Ringe schneiden.
2. Butterschmalz in einer Pfanne heiß werden lassen. Die Kohlrabischeiben in die Pfanne geben und anbraten.
3. Temperatur etwas reduzieren und das Ganze mit viel Geduld garen (Kohlrabi brauchen länger als Kartoffeln, um weich zu werden).
4. Zum Schluss erst die Zwiebel und nach ein paar Minuten den gewürfelten Speck/Schinken hinzugeben und alles nach Belieben würzen.

Tipp

Eine leckere Variante: die Kohlrabischeiben vor dem Anbraten in Eigelb wenden.

Die Zutaten

1 kleiner Kopf Wirsing
1 Meerrettichwurzel
6 Scheiben Speck
4 EL Kürbiskerne
Olivenöl
Salz, schwarzer Pfeffer aus der Mühle

Wirsinggemüse

1. Wirsing vierteln, Strunk entfernen, Blätter waschen und ca. 30 Sekunden in kochendem Salzwasser blanchieren, dann in Eiswasser abschrecken, anschließend in einem Sieb abtropfen lassen.

2. Meerrettichwurzel an der Spitze mit einem Messer schälen.

3. Speckscheiben nebeneinander in eine große, noch kalte Pfanne legen und bei mittlerer Hitze langsam knusprig braten. Anschließend auf Küchenkrepp abtropfen lassen.

4. Kürbiskerne in dieselbe Pfanne streuen, ggf. noch etwas Olivenöl hinzugeben und Kerne so lange rösten, bis sie anfangen zu knacken. Wirsingblätter zugeben, alles durchschwenken und mit Salz und Pfeffer abschmecken.

5. Wirsinggemüse auf einem Teller anrichten, frischen Meerrettich darüberreiben und die »Speckchips« darauf verteilen.

Kichererbsenspätzle

Die Zutaten

2 Eier
Salz
230 g Kichererbsenmehl

1. Zwei Eier aufschlagen, in eine Rührschüssel geben und salzen.

2. Die Eier mit dem Rührgerät gut verquirlen. Nach und nach das Kichererbsenmehl unterrühren, bis ein leicht zäher Brei entsteht.

3. Brei in eine Spätzlepresse füllen (oder vom Brett schaben) und Spätzle in heißes, nicht mehr brodelndes Salzwasser tropfen lassen.

4. Wenn die Spätzle oben schwimmen, noch etwas ziehen lassen (ca. 3 Minuten) und dann mit einem Schöpflöffel herausnehmen.

8

Unsere Turbos

Diese Fettverbrenner sind der Renner!

Die Zutaten

300 ml Wasser
5 Zweige frische Pfefferminze
1 EL grüner Tee
½ Zitrone
12 Eiswürfel

Eistee

1. Das Wasser zum Kochen bringen und drei Zweige Minze damit übergießen. Nach zwei Minuten den losen grünen Tee dazugeben und alles weitere drei Minuten ziehen lassen. Den Tee durch ein Sieb abgießen und den Saft einer halben Zitrone dazugeben.

2. Den Tee abkühlen lassen. Die Eiswürfel auf zwei Gläser aufteilen und in jedes Glas einen Zweig frische Minze geben. Mit dem Tee aufgießen und genießen.

Nicoles Rezept

Gefüllte und überbackene Avocado

1. Die Avocados waschen, halbieren und den Kern entfernen.
2. Eine Avocado schälen und das Fleisch würfeln, die andere halbiert lassen. Die Schnittstellen und das gewürfelte Fruchtfleisch mit Zitronensaft beträufeln, salzen und pfeffern.
3. Den Speck in einer Pfanne auslassen, herausnehmen und beiseitestellen. In diese Pfanne das Öl geben und das gewürfelte Hähnchenfleisch darin anbraten, salzen und pfeffern.
4. Die Avocadostücke dazugeben und einmal kurz umrühren. Diese Mischung wird auf die zwei Avocadohälften verteilt und im Ofen 12 Minuten bei 130 °C gebacken.
5. Für den Tomatensalat die Tomaten waschen und vierteln, die getrockneten Tomaten und die geschälte Zwiebel würfeln, alles vermischen.
6. Salat mit Essig, Öl, Salz und Pfeffer anmachen. Speckscheiben auf die gefüllten Avocadohälften legen und diese mit Salat auf Tellern anrichten.

Die Zutaten

2 Avocados
1 Zitrone
Salz, Pfeffer
2 Scheiben Speck
1 EL Olivenöl
2 Hähnchenbrustfilets

BEILAGE TOMATENSALAT:
12 Cocktailtomaten
4 getrocknete Tomaten
½ kleine rote Zwiebel
1 EL Kräuteressig
1 EL Olivenöl
Salz, Pfeffer

Nicole
–5 kg !
»Ich habe die 10 Wochen schon einige Zeit hinter mir und mein Wunschgewicht bis jetzt ganz leicht gehalten.«

Gefüllte Senfeier

1. Den Rucola waschen, trocken schütteln und auf Tellern anrichten. Eier hart kochen, erkalten lassen, schälen und halbieren.

2. Die Eigelbe in eine Schüssel geben und die Eiweißhälften auf dem Salat anrichten.

3. Die Eigelbe mit dem Olivenöl, Zitronensaft und Senf cremig rühren. Die Gewürzgurken und die geschälte Zwiebel fein würfeln und mit einer Prise Salz und Pfeffer unter die Eigelbcreme mischen.

4. Die Eigelbmasse in die Eiweißhälften füllen und den Rucola mit einem Dressing aus Öl und Essig beträufeln.

Die Zutaten

1 Bund Rucola
4 Eier
2 EL Olivenöl
1 Spritzer Zitronensaft
1 EL Senf
2 Gewürzgurken
½ kleine Zwiebel
Salz, Pfeffer

DRESSING:
2 EL Olivenöl
1 EL Kräuteressig

Die Zutaten

1 Hähnchenbrust
Salz, Pfeffer
1 EL Butter
125 g Zuckerschoten
1 Avocado
1 Frühlingszwiebel
¼ Chilischote
1 EL Zitronensaft
1 EL Kresse

Zuckerschoten-Avocado-Salat mit Hähnchen

1. Hähnchenbrust unter kaltem Wasser abwaschen, trocken tupfen, säubern, salzen und pfeffern. In einer Pfanne mit etwas Butter von beiden Seiten braten.

2. Das Fleisch aus der Pfanne nehmen und noch lauwarm in Würfel schneiden. Die Zuckerschoten waschen, putzen, in die Pfanne geben und 1 Minute darin dünsten. Sie sollten keine Farbe annehmen und noch Biss haben.

3. Die Avocado schälen, aufschneiden, Kern entfernen und in Streifen schneiden. Ist die Avocado noch nicht cremig-reif, kann sie auch kurz gegrillt werden.

4. Die Frühlingszwiebel waschen und fein hacken. Chilischote waschen, entkernen und fein hacken. Alle Zutaten vermengen und mit Salz, Pfeffer, Zitronensaft abschmecken, mit Kresse garnieren.

Tipp

Frische Kresse am besten mit der Schere abschneiden. Der Salat schmeckt gerade lauwarm köstlich.

Moni
–8,5 kg !

»Mich begeistert BodyChange®, weil es funktioniert! Es lässt sich wunderbar umsetzen, und das immer und überall.«

vorher

Die Zutaten

2 Eier
1 reife Avocado
100 g Partygarnelen

DRESSING:
Olivenöl, Saft einer halben Zitrone, mittelscharfer Senf, Salz, Pfeffer

Monis Rezept

Power-Burner-Salat

1. Eier hart kochen, erkalten lassen, schälen und würfeln.
2. Avocado schälen, aufschneiden und den Kern entfernen. Anschließend Fruchtfleisch in dünne Scheiben schneiden.
3. Garnelen unter fließendem Wasser säubern und – falls notwendig – den Darm entfernen.
4. Avocadoscheiben, die gewürfelten Eier und die Garnelen vorsichtig vermengen.
5. Aus Olivenöl, Zitronensaft, Senf, Salz und Pfeffer ein Dressing herstellen und den Salat damit anmachen.

Trinke 3 Liter Wasser pro Tag!

Hähnchenfilet mit Wasabi

1. Das Fleisch abspülen und trocken tupfen. Die Hähnchenfilets in der Mitte einschneiden, sodass eine Tasche entsteht, also nicht durchschneiden.

2. Das Fleisch mit dem Zitronensaft innen und außen einreiben und mit Salz bestreuen.

3. In die Tasche eine dünne Schicht Wasabi streichen und Fleisch fest zusammendrücken.

4. Bei mittlerer Hitze von beiden Seiten goldbraun grillen.

Die Zutaten

2 Hähnchenfilets
1 EL Zitronensaft
Salz
1 EL Wasabipaste

Ingwer-Chili-Tomaten-Chutney

Die Zutaten

2 kleine rote Zwiebeln
2 rote Chilischoten
1 Ingwerknolle
2 EL Olivenöl
2 EL Zitronensaft
Salz, Pfeffer
5 Strauchtomaten

1. Zwiebeln schälen und fein hacken. Chilischoten waschen, Kerne entfernen und Chili ebenfalls fein hacken. Wer es scharf mag, kann das Kerngehäuse in der Chili lassen und mitverwenden. Ingwer schälen und klein würfeln.

2. Das Öl in einem Topf erhitzen, die Zwiebeln dazugeben und glasig dünsten, nicht braun werden lassen. Die Chili und den Ingwer zu den Zwiebeln geben und kurz mitdünsten.

3. Mit dem Zitronensaft ablöschen und eine große Prise Salz und eine kleine Prise schwarzen Pfeffer zugeben. Die Tomaten kreuzweise einschneiden und mit kochendem Wasser übergießen, 30 Sekunden ziehen lassen, dann das Wasser abgießen. Jetzt lässt sich die Haut gut abziehen. Die Tomaten würfeln und zu der Zwiebel-Chili-Ingwer-Mischung geben. Alles verrühren und ca. 5 Minuten köcheln lassen, noch heiß in Marmeladengläser abfüllen und fest verschließen. Im Kühlschrank aufbewahren. Das Chutney passt gut zu allen Fleischgerichten, aber auch zu Gemüse. Ideal auch zum Würzen von Pfannengerichten.

9

Obst-Milch-Baustein

Für die Energie nach dem Sport

Erdbeerkaltschale

Als Obst-Milch-Baustein nach dem Sport genießen

1. Die Erdbeeren waschen, putzen und pürieren.
2. Den Joghurt cremig aufschlagen und mit dem Erdbeerpüree anrichten.
3. Wer mag, kann einen Spritzer Balsamico-Essig auf das Erdbeerpüree geben.

Die Zutaten

200 g Erdbeeren
2 Becher Naturjoghurt
Balsamico-Essig

Neles Rezept

Frozen Fruitshake

Als Obst-Milch-Baustein nach dem Sport genießen

Die Zutaten

200 ml Milch
50 ml Kokosmilch
1 Handvoll Beeren (tiefgekühlt)
1 TL Kokosraspel

1. Milch, Kokosmilch und tiefgekühltes Beerenobst in den Mixer geben oder mit dem Stabmixer zerkleinern.

2. Shake in ein Glas füllen und mit Kokosraspeln dekorieren.

Nele –24 kg!

»Es macht mir jetzt endlich richtig Spaß, shoppen zu gehen, weil ich nicht wie früher frustriert die Läden verlasse. Ich kann sogar das erste Mal in meinem Leben einen Bikini tragen.«

Melanies Rezept

Obstshake

Als Obst-Milch-Baustein nach dem Sport genießen

Die Zutaten

100 g Heidelbeeren
½ Apfel
1 reife Banane
250 ml Milch
etwas Zitronensaft
1 Scheibe Zitrone

1. Heidelbeeren in warmem Wasser waschen. Apfel waschen, Kerngehäuse entfernen und Fruchtfleisch in kleine Würfel schneiden. Banane schälen und halbieren.
2. Obst und Milch in eine Schüssel geben und mit einem Stabmixer pürieren.
3. Mit Zitronensaft abschmecken und mit Zitronenscheibe garnieren.

Die Zutaten

1 Mango
400 ml Joghurt
1 kleines Stück Chilischote

Lassi

Als Obst-Milch-Baustein nach dem Sport genießen

1. Die Mango schälen und den Kern entfernen.
2. Das Fleisch der Mango mit dem Joghurt pürieren.
3. Die Chilischote waschen, entkernen, klein würfeln und in das Lassi rühren.

Maike
–19 kg !

vorher

Maikes Erfolgsgeschichte

Ich habe schon seit Längerem abzunehmen versucht, allerdings erfolglos. Natürlich habe ich zwischendurch mal kleine Erfolge erlebt, aber die verlorenen Kilos waren dann schnell wieder doppelt auf den Hüften.

Irgendwann hat mich dann meine Schwester auf das BodyChange®-Programm aufmerksam gemacht. Sie hat euch bei Facebook gefunden. Ich habe mich darüber informiert und war sehr angetan. Keine 2 Tage später war ich schon Mitglied.

Nun habe ich nach 10 Wochen knapp 20 Kilogramm abgenommen und bin superzufrieden mit mir. Vor der Gewichtsabnahme war ich total unglücklich, hatte keine Lust, etwas zu unternehmen. Nicht einmal das Shoppen mit meinen Mädels hat mir mehr Spaß gemacht. Meine Familie hat dann gesagt, dass ich endlich die Notbremse ziehen müsse. All dies war Ansporn genug, um mit eurem Programm zu starten.

Besonders gut hat mir gefallen, dass man Woche um Woche neue Videos und Rezepte von Detlef bekommen hat. So wurde man immer wieder aufs Neue motiviert. Außerdem war es für mich sehr wichtig, mich mit anderen auszutauschen, die gerade genau dasselbe durchmachten wie ich, und dafür gab es ja die Community, die mir in der einen oder anderen Situation auch sehr geholfen hat.

Mein Leben hat sich komplett verändert. Ich gehe jetzt liebend gerne shoppen, feiern und sogar schwimmen, woran ich vorher nie gedacht habe. Ich habe auch kein schlechtes Gewissen mehr, wenn ich mir zwischendurch mal einen dicken Eisbecher gönne, denn dann wende ich das 10WBC-Programm einfach wieder ein paar Tage an.

Auch die Komplimente, die ich bekomme, sind der Wahnsinn. Manche Leute erkennen mich nicht einmal mehr. Ich werde fast jeden zweiten Tag darauf angesprochen, und das freut mich natürlich riesig und fördert mein Selbstbewusstsein. Ich kann mein Leben nun endlich genießen und dafür bin ich euch einfach nur dankbar.

Drei Leute aus meinem Bekanntenkreis haben nun auch mit eurem Programm angefangen. Ich habe es ihnen empfohlen, weil man dabei bestens unterstützt wird, man genaue Anweisungen bekommt, was man essen darf und was nicht, und danach kein Jo-Jo-Effekt eintritt.

Liebe Grüße,
Maike

Mangoparfait

Als Obst-Milch-Baustein nach dem Sport genießen

1. Die Mangos schälen und das Fruchtfleisch vom Kern lösen. Eine halbe Mango in Streifen schneiden, den Rest pürieren.

2. Die Gelatine in kaltem Wasser 10 Minuten einweichen.

3. Das Eigelb in einer Schüssel im heißen Wasserbad cremig aufschlagen, aus dem Wasserbad nehmen. Die ausgedrückte Gelatine zugeben und unter Rühren auflösen. Anschließend die Schüssel in kaltes Wasser stellen und die Creme kalt rühren.

4. Die pürierte Mango in die Masse rühren und dann vorsichtig die steif geschlagene Sahne unterheben. Masse in Förmchen füllen und im Tiefkühler durchfrieren lassen.

5. Das Ganze vor dem Servieren fünf Minuten bei Raumtemperatur antauen lassen.

6. Die Himbeeren pürieren, auf einen Teller streichen und einen kleinen Klecks Sahne daraufgeben. Das Parfait und die aufbewahrten Mangospalten darauf anrichten.

Die Zutaten

2 frische Mangos
2 Blatt Gelatine
3 Eigelb
50 ml Sahne
250 g Himbeeren

Die Zutaten

100 g gemischte Beeren (Erdbeeren, Brombeeren, Himbeeren)
2 Becher Naturjoghurt
1 EL gehackte Mandeln
4 Physalis
1 EL Haselnüsse
1 EL Walnüsse

Joghurt mit Nüssen und Früchten

Als Obst-Milch-Baustein nach dem Sport genießen

1. Beeren waschen.
2. Den Joghurt mit den gehackten Mandeln verrühren und mit den Beeren, Physalis und Nüssen garnieren.

Fitmacherdrink

Als Obst-Milch-Baustein nach dem Sport genießen

Die Zutaten

¼ Romanasalat
1 Handvoll frischer Spinat
2 Stangen Sellerie
1 kleines Stück Ingwer
1 Apfel
1 Birne
50 ml Wasser
5 Eiswürfel
3 EL Naturjoghurt

1. Den Salat und den Spinat waschen und in einen Mixer oder eine Küchenmaschine geben. Sellerie waschen, in Stücke schneiden, Ingwer schälen und reiben, Obst waschen und vom Kerngehäuse befreien. Alles in den Mixer geben.

2. Wasser und Eiswürfel dazugeben und alles kräftig pürieren. Ist der Drink zu dickflüssig, noch etwas Wasser zugeben.

3. Drink in Gläser füllen, mit einem Klecks Joghurt garnieren und eiskalt servieren.

10

Männer-Specials

So wirst du richtig satt!

ROCK STARS
DIRTY LOUD &
INSOLENT

Stephans Rezept

Mediterrane Hähnchenschenkel

Die Zutaten

4 Hähnchenschenkel
3 EL Paprikapulver
1 EL Chiliflocken
Salz, Pfeffer
3 EL mediterrane Gewürzmischung
2 EL Olivenöl
2 Zucchini
2 Paprikaschoten
3 Lauchzwiebeln
1 Zwiebel
3 Knoblauchzehen
1 EL Chili-Knoblauch-Öl
2–3 Zweige Rosmarin

1. Hähnchenschenkel unter fließendem Wasser abwaschen und trocken tupfen. Danach in einen großen Gefrierbeutel legen und den Backofen auf 180 °C Umluft (220 °C Ober-/Unterhitze) vorheizen.

2. Paprikapulver, Chiliflocken, Salz, Pfeffer und 1 EL der mediterranen Gewürzmischung in einem Schälchen gut vermischen und dann in den Gefrierbeutel geben. Den Beutel gut verschließen, dabei ausreichend Luft im Beutel belassen, sodass eine Art Ballon mit Hähnchenschenkeln entsteht. Den Beutel samt Inhalt gut durchschütteln, damit sich die Gewürze auf den Hähnchenschenkeln verteilen.

»Es ist toll, wenn man das Programm zusammen mit seinem Partner macht. Man kann sich gegenseitig motivieren, miteinander kochen und man isst wieder gemeinsam und bewusster.«

Stephan, –9kg

1. Den Boden einer Auflaufform mit Olivenöl bestreichen und die Hähnchenschenkel mit der Hautseite nach oben nebeneinander in die Form legen. Die Schenkel nun 20 Minuten im Backofen vorgaren und in der Zwischenzeit das Gemüse vorbereiten.

2. Zucchini, Paprikaschoten und Lauchzwiebeln waschen, Paprika entkernen, Zwiebel schälen und alles in ca. 1–2 cm große Stücke schneiden. Knoblauch schälen, fein haken und zum restlichen Gemüse geben. (Das Gericht kann nach Belieben auch mit Tomaten, Pilzen etc. zubereitet werden.)

3. Die Auflaufform nach 20 Minuten aus dem Backofen holen, die Schenkel herausnehmen. Das Gemüse auf dem Boden der Form ausbreiten und anschließend Chili-Knoblauch-Öl, Salz, Pfeffer und die restliche mediterrane Gewürzmischung darübergeben. Das Ganze mit einem Löffel gut vermischen, dann die Hähnchenschenkel gleichmäßig auf dem Gemüsebett ausbreiten. Die Rosmarinzweige auf das Gemüse und neben die Schenkel platzieren und die Auflaufform für weitere ca. 30 Minuten in den Backofen schieben.

4. Vor dem Servieren des Gemüses das Ganze noch einmal gut durchrühren.

Tipp

**Chili-Knoblauch-Öl kann man ganz leicht selbst herstellen: Getrocknete Chilis und frischen Knoblauch in gutes Olivenöl legen und alles einige Stunden ziehen lassen.
Zeitnah verbrauchen.**

Pascals Rezept

Zucchini-Thai-Curry

Die Zutaten

4 große Champignons
1 Zucchini
2 EL Öl oder Butter
1 Stange Lauch
Salz, Pfeffer
2 Knoblauchzehen
1 Zwiebel
2 Karotten
1 Paprikaschote
1 Tomate
etwas Zimt
1 Spritzer Limette oder Zitrone
50 g Currypaste
2 Tassen Wasser
1 Stängel Zitronengras
1 kleines Stück Ingwer
2 Bergamotteblätter
400 ml ungesüßte Kokosmilch
2 EL Sojasoße
Koriander

1. Champignons und Zucchini waschen und in Scheiben schneiden. Öl oder Butter in einer großen Pfanne erhitzen.
2. Champignons und Zucchini in die Pfanne geben und leicht anbraten. Lauch halbieren, klein schneiden, in einem Sieb waschen und abtropfen lasen, dann in die Pfanne geben. Mit Salz, Pfeffer würzen.
3. Knoblauch und Zwiebel schälen, in Würfel schneiden und dazugeben. Die Karotten putzen, schälen und in die Pfanne reiben. Paprikaschote und Tomate waschen, Paprika entkernen und beides in Würfel schneiden und in die Pfanne geben. Mit etwas Zimt und einem Spritzer Limette oder Zitrone verfeinern. Currypaste und zwei Tassen Wasser einrühren.
4. Zitronengras schälen, in etwa 3 cm Stücke schneiden und diese zum Gemüse geben. Ein kleines Stück Ingwer schälen, reiben und mit den Bergamotteblättern hinzufügen. Kokosmilch und Sojasoße in die Pfanne geben. Alles 5–8 Minuten bei niedriger Temperatur köcheln lassen. Mit Salz, Pfeffer und Koriander abschmecken.
5. Dazu passt wunderbar Hähnchenbrustfilet, Thunfischsteak oder ein einfaches Omelett.

»BodyChange® ist toll, weil es einfach ist und wirklich funktioniert.«

Pascal, –10 kg

»Mich begeistert an BodyChange® vor allem, dass man so viel essen darf, wie man will.«
Angelo
–5 kg !

Die Zutaten

Olivenöl
200 g Hackfleisch
1 Zwiebel
1 Knoblauchzehe
2 Karotten
1 Paprikaschote
1 Chilischote
2 Tomaten
1 Dose Kidneybohnen
1 Glas Tomatensoße
Senf, Thymian, Kakao, Salz, Pfeffer

Angelos Rezept

Chili con Carne

1. Etwas Öl in einer Pfanne erhitzen und das Hackfleisch darin anbraten.

2. Zwiebel und Knoblauch schälen und fein hacken. Karotten schälen und in Scheiben schneiden. Paprikaschote und Chilischote waschen, Kerne entfernen und Fleisch würfeln. Tomaten waschen und ebenfalls in kleine Würfel schneiden.

3. In einer zweiten Pfanne etwas Öl erhitzen und das Gemüse darin anbraten. Das Hackfleisch und das Gemüse in einen großen Topf geben.

4. Die Bohnen in einem Sieb unter laufendem Wasser abspülen, abtropfen lassen und in den Topf geben. Tomatensoße zufügen. Mit Senf, Thymian, Kakao, Salz und Pfeffer würzen.

Marc
–14 kg !

vorher

Die Zutaten

300 g Kichererbsenmehl
1 l Wasser
2 Eier
1 Tasse Sonnenblumenöl
etwas Kümmel
1 Blumenkohl
400 g Putenhackfleisch
Chilipulver, Salz, Pfeffer, Paprikapulver
Schnittlauch, Petersilie

»Man darf genug essen und muss sich eigentlich nicht wirklich einschränken. Ich habe keine Anzeichen von Unterzucker mehr, so wie ich sie vorher immer wieder aufgrund des zu hohen Konsums der falschen Nahrungsmittel hatte.«

Marc, –14 kg

Marcs Rezept

Blumenkohl-Hackfleisch-Karanteta

1. Das Kichererbsenmehl mit Wasser, Eiern, Öl, Salz und Kümmel zu einem glatten Karantetateig verrühren.
2. Den Blumenkohl putzen, waschen und in Salzwasser bissfest garen.
3. Das Hackfleisch in einer Pfanne mit Öl kurz anbraten und nach Belieben würzen (Chilipulver, Salz, Pfeffer, Paprikapulver).
4. Den Blumenkohl grob zerkleinern und auf ein mit Backpapier ausgelegtes tiefes Blech oder in eine eingefettete Auflaufform legen.
5. Anschließend das angebratene Hackfleisch darüber verteilen. Das Ganze dann mit dem Karantetateig bedecken. Im vorgeheizten Backofen bei 180 Grad Ober-/Unterhitze ca. 45 Minuten goldgelb backen.
6. Nach Belieben beim Servieren mit frischem Schnittlauch und Petersilie garnieren. Schmeckt heiß und kalt.

Stefans Rezept

Thunfischpizza

Die Zutaten

5 Dosen Thunfisch
(im eigenen Saft)
5 Eier
2 TL gehackte Petersilie
2 TL gehackter Schnittlauch
1 TL Oregano
4 Frühlingszwiebeln
1 Zucchini
3 Zwiebeln
600 g Brokkoli
8 Cocktailtomaten
50 g Mais
Salz
150 g passierte Tomaten
10 g geriebener Parmesankäse

1. Den Thunfisch im Sieb abtropfen lassen. Thunfisch, Eier, gewaschene und gehackte Petersilie, gewaschenen und gehackten Schnittlauch und etwas Oregano in eine Schüssel geben und gut vermischen.

2. Diese Thunfischmischung wie einen Pizzateig auf einem mit Backpapier ausgelegten Blech verteilen und bei 180 °C 15–20 Minuten im vorgeheizten Ofen backen.

3. In der Zwischenzeit die Frühlingszwiebeln waschen und in Ringe schneiden. Zucchini waschen und in kleine Stücke schneiden. Zwiebeln schälen und klein würfeln. Brokkoli putzen, waschen und Brokkoliröschen halbieren. Cocktailtomaten waschen. Alles mit dem Mais in einer Schüssel vermengen. Salz, Oregano zugeben.

4. Die Thunfischpizza nach Ablauf der Zeit aus dem Ofen nehmen, mit den passierten Tomaten dünn bestreichen, mit dem Gemüse belegen und mit Parmesan bestreuen. Im Backofen überbacken.

»Begeistert hat mich an BodyChange®, dass ich mit dem Essen super klarkomme.«

Stefan
–15,5 kg !

Wenn du Hunger hast, dann iss!

Wenn du satt bist, dann hör auf zu essen.

Die Zutaten

1 kleine Zwiebel
1 EL Butterschmalz
200 g frisches Sauerkraut
1 TL Kümmel
Salz, Pfeffer
2 EL Senf
150 ml Gemüsebrühe
6 Nürnberger Würste
1 EL Öl

Nürnberger mit Sauerkraut

1. Die Zwiebel schälen, fein hacken und im Butterschmalz glasig dünsten. Das Sauerkraut mit dem Saft zugeben und mit Kümmel, Salz und Pfeffer würzen. Einen Esslöffel Senf unterrühren, alles gut vermischen.

2. Mit der Gemüsebrühe ablöschen. Die Temperatur reduzieren und das Kraut 40 Minuten köcheln lassen. Zum Schluss sollte die Brühe verdampft sein.

3. Die Würste in einem Esslöffel Öl braten und mit dem heißen Sauerkraut und einem Esslöffel Senf servieren.

Sepp
–18 kg!

»Das Tolle war: Der schnelle Erfolg hat mich unglaublich motiviert. Deshalb hatte ich schon nach 9,5 Wochen einen Sixpack.«

vorher

Die Zutaten

ca. 1 kg Rehlende
Öl zum Anbraten
2 Zwiebeln
1 Packung frisches Suppengemüse
2 EL Tomatenmark
500 ml Rotwein
500 ml Gemüsebrühe
1 EL Wildgewürz
je 3–4 Wacholderbeeren und Nelken
1 Lorbeerblatt
200 g Rosenkohl
Butter
gemahlener Muskat
500 g Rotkohl
Salz, Pfeffer, Kümmel
Weinessig

KICHERERBSENMEHL-SPÄTZLE:
Zubereitung siehe Kapitel »Sättigung durch Beilage«

Sepps Rezept

Rehmedaillons mit Spätzle, Rosenkohl und Rotkohl

1. Das Fleisch säubern und anschließend von allen Seiten in heißem Öl anbraten.

2. Eine Zwiebel schälen, hacken und mit dem gewaschenen, klein geschnittenen Suppengemüse in den Topf geben und ebenfalls mit andünsten. Tomatenmark einrühren und alles mit ca. 400 ml Rotwein ablöschen. Kurz aufkochen und 250 ml Brühe zugeben. Wildgewürz, Wacholderbeeren, Nelken und Lorbeerblatt dazugeben und anschließend ca. 1 Stunde bei geringer Hitze zugedeckt schmoren lassen.

3. Anschließend Fleisch aus dem Topf nehmen und das Gemüse im Sud mit dem Pürierstab zu einer sämigen Soße pürieren.

4. Rosenkohl waschen und putzen. In einem Topf mit Salzwasser ca. 10 Minuten weich kochen. Anschließend in einer Pfanne mit Butter schwenken und mit gemahlenem Muskat würzen.

5. Den Rotkohl putzen, in Streifen schneiden und diese unter fließendem Wasser abwaschen. Die zweite Zwiebel schälen, klein schneiden und in etwas heißem Öl anschwitzen. Rotkohl zugeben, umrühren und mit ca. 100 ml Rotwein ablöschen. Das Ganze mit etwas Salz, Pfeffer und Kümmel würzen und mit 250 ml Gemüsebrühe aufgießen. Nach Belieben noch mit Weinessig abschmecken. Bei mittlerer Hitze weich kochen.

11 Register

Register

Die besten Basics

So lecker & einfach ist Abnehmen!

Vollschmecker

BodyChange®-Gerichte mit Pfiff!

Wir ❤ Frühstück

Rezepte für einen Power-Start in den Tag!

Erbsen, Bohnen, Linsen

Raffinierte Hülsenfrüchte!

Vitamine pur!

Gemüse in leckeren Variationen

Sättigung durch Beilage

Die perfekte Begleitung für Fleisch und Fisch

Unsere Turbos

Diese Fettverbrenner sind der Renner!

Obst-Milch-Baustein

Für die Energie nach dem Sport

Männer-Specials

So wirst du richtig satt!

Danke!

Einen Riesendank an alle, die bei diesem Buch mitgewirkt haben. Falls wir vergessen haben, jemanden namentlich zu erwähnen, möchten wir uns schon jetzt dafür entschuldigen!

An erster Stelle möchten wir uns bei allen BodyChange®-Teilnehmern bedanken, die uns ihre tollen Erfolgsgeschichten und Rezepte geschickt haben. Unser Dank gilt dabei insbesondere Nadine Frerks, Conny Kramer, Melanie Kirchner, Eva Ayeko, Anna Rauch, Sandra Groß, Jennifer Dudenhoeffer, Brigitte Wendel, Andrea Haas, Paola Brychcy, Anja Behrendt, Anika Arnold-Möck, Kornelia Koniarz, Tina Benson, Corinna Motzer, Ina Röscher, Slavka Hatokova, Regina Wischnewski, Nicole Moobacher, Moni Meiringer, Nele Walter, Melanie Pangel, Angelo Fabio, Stephan de Smidt, Pascal Skowonnek, Marc Witte, Stefan Kreienbrock und Sepp Pangel, deren leckere Rezeptideen wir in diesem Kochbuch veröffentlicht haben. Ihr seid spitze!

Ein großer Dank auch an Marco, Regina, Jessica, Nico, Benni, Susanne und Maike, deren inspirierende Erfolgsgeschichten wir in diesem Buch erzählen durften.

Wir danken auch unseren »Fotomodellen«, Kochkünstlern und Mitarbeitern Carina, Anjeza, Seniha, Thomas, Ingo, Lilly, Tanya, Andreas, Verena, Anke, Gerhard und der kleinen Finja!

Ein ganz herzlicher Dank und ein riesengroßes Lob geht an unsere Rezeptdesignerin und Fotografin Silke Töpper. Hinter jedem Bild und jedem Rezept steckt eine Menge harter Arbeit und Herzblut. Silke, YOU ROCK!

Danke auch an unseren Verleger Christian Jund und sein gesamtes Team für ihre super Arbeit.

Und last but not least ein herzliches Danke an die gesamte BodyChange®-Community für all die positive Energie, Motivation und gegenseitige Unterstützung. Ihr seid die Besten!

Detlef D! Soost
& das gesamte BodyChange®-Team

BodyChange®
Hinter jedem
Gesicht steckt eine
Erfolgsgeschichte!